# 打造全球竞争力

## 中国企业500强20年风雨岁月
## （2002—2021）

主编　李建明　杨杜

**Building Global Competitiveness**

20 Years' Stormy and Prosperous Development Experiences of Chinese Top 500 Enterprises

企业管理出版社
ENTERPRISE MANAGEMENT PUBLISHING HOUSE

**图书在版编目（CIP）数据**

打造全球竞争力：中国企业 500 强 20 年风雨岁月：
2002—2021 / 李建明，杨杜主编；《中国 500 强》编委会编.
-- 北京：企业管理出版社，2021.12
ISBN 978-7-5164-2520-6

Ⅰ.①打… Ⅱ.①李… ②杨… ③中… Ⅲ.①企业发
展－研究－中国－ 2002-2021 Ⅳ.① F279.2

中国版本图书馆 CIP 数据核字（2021）第 231006 号

书　　名：打造全球竞争力：中国企业 500 强 20 年风雨岁月（2002—2021）
作　　者：李建明　杨杜
责任编辑：尤颖　刘畅
书　　号：ISBN 978-7-5164-2520-6
出版发行：企业管理出版社
地　　址：北京市海淀区紫竹院南路 17 号　　邮编：100048
网　　址：http://www.emph.cn
电　　话：编辑部（010）68487630　　发行部（010）68701816
电子信箱：zbz159@vip.sina.com
印　　刷：河北宝昌佳彩印刷有限公司
经　　销：新华书店
规　　格：710 毫米 ×1000 毫米　1/16　16 印张　178 千字
版　　次：2021 年 12 月第 1 版　　2021 年 12 月第 1 次印刷
定　　价：88.00 元

# 打造全球竞争力

## 中国企业500强20年风雨岁月（2002—2021）

## 编委会

# 中国企业联合会、中国企业家协会

## NTRODUCTION 简 介

中国企业联合会、中国企业家协会（**简称中国企联**）是 1979 年 3 月经国务院同意成立的第一个全国性、经济类型的社会团体，是企业、企业家、企业团体的联合组织。中国企联是国家协调劳动关系三方会议组成单位；作为中国雇主组织唯一代表，参加国际劳工组织和国际雇主组织活动，是国际劳工局雇主副理事。中国企联是国务院国资委直管协会，是民政部评选的首批 5A 级社会组织和全国先进社会组织。

中国企联坚持以马克思列宁主义、毛泽东思想、邓小平理论、“三个代表”重要思想、科学发展观和习近平新时代中国特色社会主义思想为指导，以为企业、企业家服务为宗旨，在政府、企业和企业家之间发挥桥梁纽带作用。中国企联致力于开展企业改革发展理论与实践研究，反映企业、企业家的意见和要求，就涉企法律法规和政策制定提出建议，维护企业、企业家合法权益；作为中国企业代表组织参加国家协调劳动关系三方机制，指导各地区企联参加三方机制和开展劳动关系协调工作；开展企业发展研究，总结推广先进的企业经营管理经验，促进企业创新发展；为企业、企业家提供培训、管理咨询服务，宣传表彰优秀企业、企业家，促进企业家队伍发展；代表中国雇主组织参加国际劳工组织和国际雇主组织有关活动，开展与国外雇主组织、企业团体、企业和国际机构的交流与合作；接受和完成政府部门委托的工作。

中国企业 500 强申报、数据查询和使用，请与中国企联研究部联系！电话：010-68701280

# 序言 FOREWORD

2021 年，中国企业联合会、中国企业家协会（**以下简称中国企联**）已连续 20 年发布中国 500 强及其分析研究报告，这是中国企联贯彻落实党和国家实施大企业战略的重要举措。2002 年开始进行这项工作的时候，我国刚刚加入世界贸易组织，迫切需要较为全面地了解我国大企业的发展状态和成长轨迹，并开展与世界 500 强企业的对比分析，让我国大企业在全球范围找到自己的坐标和定位，更好地与强者同行。中国企联作为改革开放后成立最早的经济类社会组织之一，长期致力于研究企业成长的规律，有这方面的工作积累和经验。为此，中国企联参照美国《财富》杂志的做法，按照企业营业收入排序，在对主要经营指标进行分析研究的基础上，每年发布中国 500 强及其分析报告，目的是通过深入开展中外大企业对比分析研究工作，引导我国大企业直面国际竞争，不断做强、做优、做大，提高国际竞争力。

## 一、发榜单勇于开拓建平台

**发布系列榜单记录和见证大企业非凡历程。**为了从多维度揭示我国大企业发展取得的进展，展示我国大企业在国家经济发展和国际竞争中发挥的骨干和引领作用，我们在 2002 年推出了中国 500 强榜单之后，从 2004 年开始推出了中国制造业企业 500 强榜单和服务业企业 500 强榜单，从 2011 年开始推出了中国跨国公司 100 大榜单，从 2019 年开始推出了中国战略新兴产业领军企业 100 强榜单等，2021 年我们还推出了中国创新企业 100 强榜单。中国 500 强系列榜单的推出，记录和见证了新世纪以来我国大企业砥砺奋进的非凡历程。

**分析研究揭示大企业成长规律。**过去 20 年，中国 500 强工作已经成为提供我国大企业资讯的权威平台，也是服务于政、产、学、研合作的研究平台。在整个中国 500 强工作中，分析研究是我们的工作重点，也是我们工作的特色。长期以来，我们始终坚持服务于政、产、学、研的方针，在国家发改委、财政部、工信部、国务院国资委的支持下，联系社会力量，特别是各方面的专家学者，先后开展了多项重大课题研究，不断揭示大企业成长规律，在大企业研究领域确立了相当的话语权和影响力。

**搭建交流合作平台受到赞誉。**每年 9 月份，我们都会选择一个城市举办中国 500 强企业高峰论坛。我们精心设计主题和议题，广邀政、商、学各界精英，搭建高水平交流平台，为中国经济、中国

500 强的高质量发展建言献策。一年一度的高峰论坛已发展成为知名企业家和企业传播交流商业思想和创新实践的重要平台，每年论坛的举办堪称中国企业界的一件盛事。20 年来，从北京，到重庆、天津、郑州、武汉，再到银川、杭州、合肥、成都、长春、昆明、重庆、南宁、长沙、南昌、西安、济南、郑州、长春，一站一站用心举办，持续传递着中国 500 强的火炬。多年来，我们通过 500 强工作，引导中国 500 强积极参与区域协调发展战略，推动地方政府和企业开展交流合作，取得了良好成效，受到论坛举办地的广泛赞誉。

## 二、二十年风雨兼程勇攀登

我们高兴地看到，新世纪以来，随着我国工业化、城镇化、信息化、国际化的推进，中国 500 强迅速成长。一批企业在技术、管理、创新、国际化等方面走在了世界前列，具备了成为世界一流企业的条件，这成为我国综合实力和竞争力快速提升的显著象征。

**充分发挥比较优势。**将工业基础转变为产业支撑，将人力资源转变为人才资本，将成本优势转变为竞争优势，在做强、做优、做大的道路上成效显著。中国 500 强的营业收入总和由 6.08 万亿元增长至 89.83 万亿元，资产规模由 26.03 万亿元增长至 343.58 万亿元，中国 500 强成为国民经济的中坚力量和国家实力的显著象征。

**不断应对危机与挑战。**从走出亚洲金融风暴的阴霾，经受 2008 年全球金融危机的冲击，到当前正经历着世界经济下行和新型冠状病毒肺炎疫情的考验。沧海横流方显英雄本色，中国 500 强勇立时代潮头，持续改革创新，不断将危机转化为加速企业成长的动力，探索出了一条不同于欧美企业的中国企业成长道路。

**深刻改变世界企业版图。**从 2002 年的仅有 11 家内地企业入围世界 500 强，到如今的超越美、日，实现入围世界 500 强企业数量全球第一，中国 500 强用 20 年的时间，大大提高了在世界大企业群体中的地位。中国 500 强在世界范围内的崛起，不仅体现在规模与数量上，更体现在对全球产业格局的重塑，得益于中国的发展优势，2021 年中国企业已经在 15 个行业大类中占据世界第一的宝座。

## 三、新征程继往开来肩使命

立足新时代，肩负新使命，踏上新征程。中国 500 强已经从跨越式发展追赶者，逐步成为与国际先进企业同台竞争的并行者，并在一些领域和行业成为领跑者，未来中国 500 强必将大有作为。

**第一是保持战略定力。**面对百年未有之大变局，中国 500 强成长的内外部环境都发生了重大而深刻的变化，风险挑战加剧、不确定性增强。中国 500 强要清醒地认识到，国际环境日趋复杂严峻，压力前所未有，挑战长期存在，必须坚持底线思维，保持战略定力，切实提高风险防范能力，学会在一个更加不确定的世界中谋求发展。

**第二是激发创新动力。**创新是引领发展的第一动力，中国 500 强要发挥引领作用，争做科技领军企业，持续增加有效研发投入，提高科研水平与质量，加快关键核心技术攻关，加强对创新成果的商业化应用，更多地参与国际专利布局和国际标准制定，努力把企业打造成强大的创新主体。要坚持有进有退地调整业务布局，紧紧抓住“两新一重”带来的重大机遇，大力推动企业数字转型、智能升级、融合创新，加大在物联网、工业互联网、云计算、大数据、人工智能等新兴产业的布局，加大在生命科学、远程医疗、医药健康等方面的投入，积极发展战略性新兴产业和未来产业，加快培育新的经济增长点。

**第三是把握发展潜力。**我国具有超大规模的市场优势，产业配套完备，政策稳定性强，营商环境持续优化，产业升级空间巨大，这些发展基础长期来看均不会改变。近两年，在统筹新型冠状病毒肺炎疫情防控和经济社会发展中，我国率先控制疫情并实现了经济的稳步回升，更展现出了显著的制度优势。中国 500 强要充分利用我国发展基础潜力，牢牢把握发展窗口期，将发展的主动权掌握在自己手中。

**第四是强化产业实力。**围绕国内大循环为主体、国内国际双循环相互促进的新发展格局，中国 500 强在积极参与国际竞争与合作的同时，更要以高品质的产品和服务，抢抓扩大内需和消费升级的机遇，畅通生产消费循环，实现发展壮大，持续提升产业链、供应链的稳定性和竞争力，努力补全断点盲点，补强短板不足，强化上下游、内外部企业之间的协同联系，共同构建产业集群和产业生态，迈向全球产业链中高端，提升产业链话语权，打造具有重要影响力的产业链体系。

**第五是释放改革活力。**制度建设和治理能力建设是企业发展的根基，需要将之提高到更加突出的地位并加以推进。中国500强要深入推进市场化机制改革，充分激发劳动力、知识、技术、管理和数据等生产要素活力，从根本上增强企业发展动力。切实完善法人治理结构，加强党的领导，完善中国特色现代企业制度。大力发展混合所有制经济，促进不同所有制经济融合发展，增强龙头企业的带动力和影响力。坚持不懈地推动管理创新，推进新一代信息技术创新与应用，加快生产模式、管理模式、商业模式的转型升级；苦练内功，聚焦自身存在的突出问题，完善健全管理体系，提高管理能力和现代化管理水平，为企业实现高质量发展提供坚强保障。

二十年峥嵘岁月，九万里风鹏正举。中国500强群体经过了20年的披荆斩棘与砥砺前行，取得了举世瞩目的成绩。踏上新征程，胸怀中华民族伟大复兴的战略全局，直面严峻挑战，立足新发展阶段、贯彻新发展理念、构建新发展格局，勇于担当，开拓创新，积极践行高质量发展，着力打造具有全球竞争力的世界一流企业，必将续写新时代中国500强的新辉煌！

是为序。

中国企联党委书记
常务副会长兼理事长 **朱宏任**

# 序言 FOREWORD

## 一、500 强企业研究，延续下去就是价值！

这不是一本心血来潮拿来数据就进行统计分析的书籍，而是一个对中国企业 500 强跟踪了 20 年的研究团队的心血凝结。这个研究团队在 10 年前就曾出版《中国企业 500 强十年风云》，十年磨一剑，这次又推出了《打造全球竞争力：中国企业 500 强 20 年风雨岁月（2002—2021）》。

一辈子做成一件事情不容易，二十年如一日研究中国 500 强，触摸它们的脉动，跟随它们的成长，发现它们的规律，不亦乐乎！

下面这几段话，我在 10 年前说过，今天还想强调一下。20 年了，每次中国 500 强榜单发布后，总会招致各种看法：有人认为按照营业收入排序不科学；有人认为有的企业没入榜，不全面；有人认为中国企业是“只大不强”；有人指责某类企业靠垄断做大，利润太低；有人指责某类企业利润太高等。求全责备的“好心人”似乎忽略了这个500强榜单真正的价值，那就是延续。延续才有价值！延续就是价值！

其实，一个以客观数据为核心的排行榜是否全面或科学，以及个别企业做得如何，并不是本质问题。只有长期累积客观数据，才能为企业领导者总体把握企业定位和战略方向提供重要参考，才能为政府经济部门制定国内外地域经济与产业发展政策提供有效依据，才能为研究者发现中国大企业的成长规律提供可靠基础。中国企业当然要追求做强、做优、做大，我认为更不可忽视的是做久！

为什么是500强？其实在中国，对所有企业做出全面的调研分析几乎不可能，对单独或少数企业的案例分析也只能管中窥豹，科学合理的工作方法是：有一个“合理数量”的企业群基础数据统计，它既可以解决工作量问题，又能推测整个企业界或经济体的发展趋势。美国《财富》杂志首先意识到和使用了这种合理方法，该杂志于1955年创立“美国500强榜单”，记录了美国公司在全球范围内的快速扩张，以及历史场景和重要数据。随着全球化和经济一体化的发展，在1995年，这份美国500强榜单进一步演变成为囊括全世界大企业的“世界500强榜单”。现在，我们每年都有机会透过世界500强榜单辨析国际经济的发展，研判全球跨国公司的变迁，感受在这些巨型企业成长背后的竞合格局。于是，500就成了一个标志性的企业数字！

可惜的是，在早些年，要想通过世界500强榜单研究中国企业是一个困难的任务，因为在1995年第1期世界500强榜单上只有3家中国企业，占比不到1%。中国自1978年开始改革开放，现代中国企业也在20世纪90年代才逐步成长发展，中国的绝大多数企业只是像“草原上的小草”一样遍地生长，还没有像“森林里的大树”那样通过年轮的累积形成“参天大树”。

但是，自从进入21世纪，中国经济积累了20多年的能量开始迸发，中国企业开始高速成长。一个新兴经济国家持续的、复杂的成长历程，正是一批中国大企业快速发展、全力赶超的过程，一棵棵“参天大树”在拔地而起。这是个重要的历史时刻，如果不能以某种形式较全面地记录中国大企业在这个过程中的成长轨迹，我们无疑将与某个历史使命擦肩而过。

正是这样的历史使命感，推动了中国企业联合会在2002年推出了以中国本土大企业为对象的“中国500强榜单”。每年夏秋之交，在北京市海淀区紫竹院南路，在中国企业联合会这个略显静谧的办公地点，专家们分析着来自全国各地的数据信息，总结着中国500强所代表的最新的中国企业发展轨迹、趋势和规律，至今出版了20本厚厚的《中国500强企业发展报告》。

我与中国500强排名、发布活动同行了20年，看到了蕴藏在中国大企业中的一种力量，这是中国企业人的力量，是企业家群体的力量，是企业与政府合作的力量。这种力量推动了中国大企业快速做大和持续做强，推动了大企业与地方经济更密切地结合。

如书名所示，这本《打造全球竞争力：中国企业500强20年风雨岁月（2002—2021）》正是对这20年中国大企业砥砺前行的艰苦奋斗岁月的重要历史记录。历史记录的价值在于长久，在于延续。

我坚信中国500强的统计分析研究工作一定会继续做下去，我们期待30年、40年、50年以至100年的成果。功成不必在我，功成必定有我！

## 二、20年风雨岁月，以史为鉴设计未来！

本书以“以史为鉴，设计未来”为主旨，首先，通过14个指标和3个原因回顾了中国500强20年的盈亏、成败和生死的风雨历程，分析了国际竞合的历史演变和行业机会，以及500强的“顶梁柱”“火车头”“贡献者”作用——这里面可能就有您的故事。其次，总结了中国500强20年的成长路径和经验，包括产业升级、区域布局、技术创新、国际经营、并购重组、数字化转型和混合化改制——这里面可能就有您的贡献。

过去20年，中国企业由卖劳动力、卖资源的第一阶段，走到了卖产品、做贸易的第二阶段，现在正在冲刺卖设备、卖技术的第三阶段。而通信、航天、高铁等个别行业的企业已经走到卖规则、卖标准、卖文化的第四阶段，这主要是和国际大企业的竞争。中国企业由过去的“望尘莫及”“奋起直追”，跑到了今天的“并驾齐驱”和局部的“一马当先”，但要想“全面系统领先”，困难还很多，挑战还很大。

首先，底线思维提醒我们：高处不胜寒，提前备棉袄！因此本书提出了新征程的六大挑战——企业生存挑战、产业生态挑战、科技创新挑战、海外布局挑战、效率提升挑战和战略陷阱挑战。

其次，四个自信告诉我们：会当凌绝顶，一览众山小。因此，本书又提出了履行新使命的六大建议——以新发展理念指导新使命，以三链战略控制关键环节，向战略新兴产业重点布局，“四步走”国际化经营策略，以双碳目标寻求义利平衡和以战时机制确保企业生存。

道路是曲折的，前途是光明的！我们有党中央的坚强领导，有奋斗的企业家队伍，有几十年的成功经验和坚实基础，一定能实现持续做强、做优、做大，打造全球竞争力，达成建设一批世界一流企业的宏伟目标。

一般而言，大企业是由中小企业成长而来的，不同规模的企业有不同的“活法”，中小企业追“专、精、特、新”，大企业则追“强、优、大、高”。大企业要的是市场、行业、产业地位之强，要的是管理、技术、品牌质量之优，要的是营收、资产、组织规模之大，要的是追求、眼界、布局站位之高。

未来是用来展望的，更是用来设计的！中国大企业在世界大企业中的地位正在发生划时代的巨变：过去20年是仰视，现在是平视，未来20年是俯瞰；过去20年是追赶，现在是竞合，未来20年是领先；过去20年是奋斗，现在是开创，未来20年是贡献。

愿更多的中国企业早日达到世界一流企业那种“规则入手，专利布局，创新领跑，联盟抱团，周密谋划，从容不迫”的战略思维和设计未来的水平和地位。

中国人民大学教授 杨 杜

20 Years' Stormy and Prosperous Development Experiences of Chinese Top 500 Enterprises

# 前言

# PREFACE

## 一 以史为鉴知兴替

自2002年中国企业联合会发布中国500强榜单以来，转眼20年过去了。纵览中国500强20年发展史，不由得感叹光阴似箭！这已经不是常言道的“30年河东，30年河西”，而是时代巨变。20年以来，有1408家企业进入过中国500强榜单，有的稳如泰山，有的跌宕起伏；有的蒸蒸日上，有的江河日下；有的傲立潮头，有的销声匿迹。

搞经济，发展是硬道理！做企业，活着是硬道理！中国500强20年风雨兼程，砥砺前行，一大批奋斗者靠吃苦受累、流血流汗、改革创新为中国企业创造了一个又一个奇迹。

翻看一年一册的《中国500强企业发展报告》，你会真实感受到21世纪以来我国500强的成长奇迹，报告中翔实性、系统性、历史性和不断完善的数据，已成为深入研究中外大企业成长模式和规律不可或缺的依据。一年一度的中国500强企业高峰论坛已成为中国企业管理思想的重要发源地和传播平台，已成为中国企业界的一件年度盛事。论坛的观点成为分析中国企业成长趋势的风向标，论坛的建议成为政府相关机构制定决策的重要参考。

在这份研究报告中，我们依据长达20年的翔实数据资料，系统分析了中国500强的成长大趋势，又运用几十年研究中外大企业所形成的理论和方法，总结出了中国大企业的成长规律。它给中国企业带来自信、自豪、参考和警示。

以史为鉴知兴替。研究中国500强榜单的目的本来就是学习世界500强，20年来从没忘记对世界级企业的“比学赶超”。纵观世界500强榜单的中外企业数量变化，可以发现五个关键历史节点：第一个节点是1995年。1995年《财富》杂志第一次发布世界500强榜单，美国企业151家，日本企业149家，美日两国就占500强中的300家，法、德、英分别为37家、35家和33家，其中日本企业的营业收入排名第一，那是日本企业最牛的年代！而中国只有3家入榜。第二个节点是2001年和2002年。2001年，美国企业达到184家，日本企业则从1995年的149家下跌至103家。2002年，美国企业进一步达到创纪录的198家，日本企业又减至88家，但依然排名第二。2001年，中国企业入榜11家。那一年，中国加入WTO，中国企业联合会开始发布中国500强榜单。第三个节点是2009年和2010年，世界500强中中国企业数量超英国、德国和法国。进入21世纪后，已走过改革开放20年风雨历程的中国大企业开始走上“开挂”的成长历程。2009年中国企业入榜43家，超过英国的27家，2010年中国企业入榜54家，超过法国的39家和德国的37家。第四个节点是2012年和2013年，世界500强中中国企业数量超越日本。随着中国GDP在2010年超过日本，2012 年，世界 500 强中中国入榜企业数量达到 79 家，超过日本的 68 家，一年后中国企业入榜 95 家。第五个节点是 2019 年，世界 500 强中中国企业数量成为第一。2020 年，中国上榜企业共 133 家，超过美国的 121 家和日本的 53 家。2021 年最新榜单中，中国企业增加到 143 家，美国企业 122 家，日本企业依然是 53 家。

20 年的奋起直追，到今天的并驾齐驱。展望未来的 20 年，我们坚信，到 21 世纪中叶，中国企业将在世界 500 强舞台上超越美国企业的历史最高纪录，占据绝对的领先地位。

## 二 以人为鉴明得失

以人为鉴，当然是与发达国家大企业相比，20 年的“时光之镜”照出了中国 500 强的主要“得失”。

首先是“得在大而快，失在不强优”。中国企业依靠机会导向与客户导向，灵活应变，响应速度快，规模扩张快。同时与“得”共存的“失”就是“大而不强”，和世界 500 强相比，营业收入规模扩大了，但盈利水平还有差距。中国企业“不像 500 强，更像 500 大”，内部管理水平不算优良，虽然这符合“先做大再做强、先做快再做优、先机会再战略”的企业成长基本规律，但做强、做优和做战略是下一阶段的核心任务。

其次是“得在大国企，失在生态差”。20 年走过来，中国 500 强中形成了合理格局，没有幼稚地掉进“只有彻底的市场化和民营化才是出路”的理论陷阱，很好地发挥了多种所有制并存和混合所有制的制度优势。但是，在电信、家电、电力、建筑、互联网等行业已是“参天大树”的同时，在医药、证券、商业流通、基金和汽车等领域还是“草原”，这种像“草原”不像“森林”的生态不容易形成世界领军地位的企业！

最后是“得在精气神，失在战略弱”。20年来，中国企业和企业家秉承基于中华文明的传统精神，基于见贤思齐的学习精神，基于创新创业的变革精神，基于勤劳敬业的奋斗精神，基于永不服输的抗争精神等，构成了中国企业的伟大“建企精神”。但“失”在还没达到世界一流企业的战略思维水平——规则入手、专利布局、创新领跑、联盟抱团、周密谋划、从容不迫。

## 三 目标导向定战略

以史为鉴，设计未来；以人为鉴，确定战略。中国企业要看清时局，设计未来。只有明确企业追求的目标导向和思维模式，才能确定正确的战略。作为经济组织，企业一般会把利润目标作为重要追求。但企业的目标追求是多元化的，把何种追求摆在前面，与如何处理排序关系,反映了企业的核心价值观和管理机制的构建能力。

我们认为，企业的基本追求至少有六个，分别对应着六种思维模式。

一是盈利追求，对应的是商人思维。经商就要赚钱，投资就要增值，做到极致就是，只要能赚钱，什么业务都可做！只要利润大，什么手段都可用！但比如华为好像不是这种思维，它追求一定利润率上的成长最大化，坚持几十年聚焦主业。

二是德才追求，对应的是圣人思维。不少企业家推崇德才目标：企业是人，企业依靠人，企业为了人！用人讲究德才兼备，以德为先。做事讲究先义后利，以义取利。圣人思维模式首先问：谁是圣人君子，谁是小人庸人？原则是尊崇圣人，先德后才，宁交庸人，不近小人。但也有公司在以事为本还是以人为的本问题上选择以事为本，反对那些不会做事、只会处世的人，他们不会过于重视德才、资历、情感和态度，而是关注业绩、潜力、贡献和行为等有利于提升企业竞争力和战斗力的因素。在对待员工方面，他们对员工按奋斗者、贡献者、劳动者和惰怠者进行分类，并提倡以奋斗者和贡献者为本。

三是创新追求，对应的是科研思维。科研创新对于企业当然非常重要。其实二十几年来一些企业一直在坚持做好行业内有价值的技术创新。不少企业中存在的过早、过快、过度、过虚和封闭创新行为，都是纯科研思维所导致。企业创新既要满足研发人员的科研激情，又要为客户创造价值，提升企业的核心竞争力，否则就不是真正有价值的创新。

四是程序追求，对应的是职能思维。科学管理当然要有职能部门，有流程程序，但某些力求管理体系“完善”的公司，追求程序到了本末倒置的程度。只管程序，不管“战果”的官僚主义要不得；只管服从，不管“杀敌”的形式主义更要不得。二线三线的支援部队，不能成为一线“战士”冲锋的障碍！支援部队要为前线提供足够的“炮火”，要为“火车头”加满油。

五是胜利追求，对应的是将军思维。这种思维模式首先要问的是：谁是敌人，谁是朋友，这是首要问题！这就是卓越军事思维的典范。企业如果向军队学习的话，就要学胜利精神和战斗力建设！除了胜利，别无所求！

六是生存追求，对应的是底线思维。企业追求做强、做优、做大等目标，但从优秀企业成长与变革的基本规律看，“活着”才是企业的底层问题。华为曾提出“活下去是华为的最低纲领，也是华为的最高纲领！企业要保持战时状态，组织千军万马上战场。干部的最低要求是不能临阵脱逃，最高精神是敢于胜利！活着是硬道理，胜利比牺牲重要！”

实际上，企业对以上六种目标追求是并存的，不是唯一的。我们认为优秀公司的原则是：以生存为底线，以胜利为信仰，以盈亏为指标，以奋斗选干部，以创新谋未来，以程序建组织。其中，追求胜利是优秀公司最本质的组织精神之一，胜利上接生存，下接盈利，并指导德才、创新和程序等各个目标。而且，高层越讲生存，基层越追求胜利，中层形成强有力的支援体系，就会形成组织的“张力结构”。

追求胜利的组织模式包含以下几个特征：追求胜利重成长，而不是利润第一；追求胜利重成事，而不是做人第一；追求胜利重创值，而不是创新第一；追求胜利重结果，而不是程序第一；追求胜利重活着，而不是牺牲第一。在经营上的价值排序是活着、胜利和盈利，在管理上则是德才、创新、程序三者价值并重。

## 四 问题导向定任务

中国和中国企业正直面“百年未有之大变局”，在发展的新征程上，中国企业要肩负新使命，要接受新挑战。

20 年走过来，中国企业有“摸着石头过河”的方法论，有“实践是检验真理的唯一标准”的认识论，有“抓住耗子就是好猫”的结果导向观，有“新时代中国特色社会主义思想”的思想指引，有“以我为主，博采众长，融合提炼，自成一家”的十六字方针，逐渐形成了中国企业成长的“四个自信”：道路自信、理论自信、制度自信和文化自信。

但中国企业要清楚地知道自己存在的问题。

一是底子还薄。财富和实力都是累积而成的。虽然中国企业每年入榜的企业数和每年的 GDP 增加值已经不错了，长得快，但是起步晚，和其他发达国家的企业实力累计与 GDP 累计相比还有很大差距。2020 年中国 GDP 是日本的近三倍，中国 14.7 万亿美元，日本 4.9 万亿美元，但中国 1960—2020 年累计 157.2 万亿美元，日本同期累计 172.2 万亿美元。

我们认为企业成长分四个阶段：第一阶段主要是靠卖劳动力、卖资源赚钱；第二阶段主要通过卖产品、做贸易发展；到第三阶段，开始卖设备、卖技术；像华为等个别企业已经走到第四阶段，即通过卖规则、卖标准来参与竞争，这一竞争已经升级到知识产权和技术标准的层次。如果企业没有掌握核心的知识产权，没有在技术标准上的发言权，就很难在世界级企业中有立足之地。

我们可以用图 1 表示这一过程。当然，国际经济、贸易和技术是个很复杂的架构，其中不仅有竞争，还有很多合作，也可以把企业发展四个阶段的竞争对手看作不同的竞合对象。

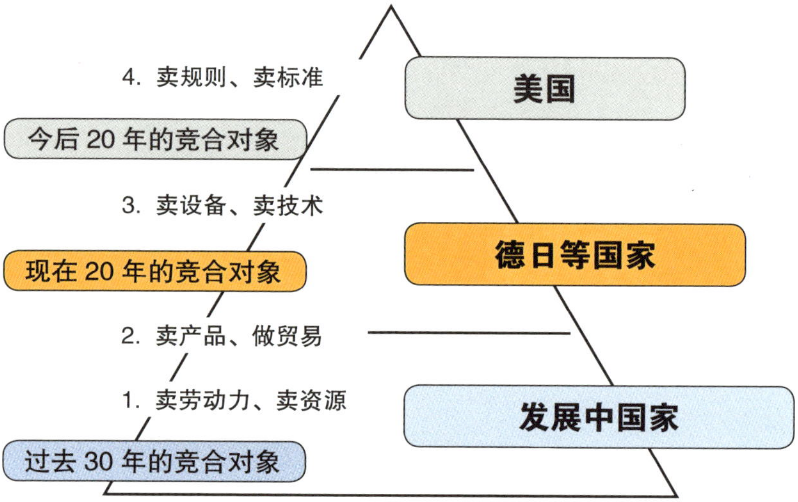


图 1　中国企业成长四个阶段和对象国

总而言之，中国企业还处于企业实力累积的初级阶段，这就是面临的首要问题。发展依然是硬道理！

二是实力还弱。企业的成长分为量的成长、质的成长和力的成长三种类型。量的成长衡量指标主要有营业收入规模、利润总额、资产规模、从业人数等，其中的变化可称为“做大、做多、做快”。质的成长衡量指标主要有营业收入利润率、资产利润率、人均营业收入、人均利润率和技术创新等，也就是常说的“做强、做优、做新”。力的成长衡量指标主要有相对于国内外同行的研发投入额和产出成果、跨国公司指数、市场占有率、人均报酬总额和组织活力等，力的成长也就是“做局、做活、做久”。

从这20年世界500强的数据看，尽管中国企业取得了量的成长的巨大进步，但在质的成长和力的成长方面还与世界级企业有一定差距。在企业层面，要在质的成长基础上叠加力的成长，调整结构和架构，提升竞争实力，这是一个叠加的成长过程——“量”永远是基础。“量”在一定意义上就是规模。从万吨水压机的“大”，三峡大坝的“大”，到电力网络的“大”，大数据的“大”，“大”在不断变得“更大”；质，就是优化。从企业规模的优化、投入产出的优化、行业分布的优化、地域布局的优化，到治理的优化、管理的优化、战略的优化，都在不断得到优化；力，就是能量。从生存力、学习力、创新力，到竞争力、垄断力、领导力，力的成长在不断增强和激发。

企业环境多变，业务多样，目标复杂，三类成长中的“九做”指标当然会有一定的交叉，但总的目标导向、阶段变迁大趋势和规律应该是明确的，如图2所示。

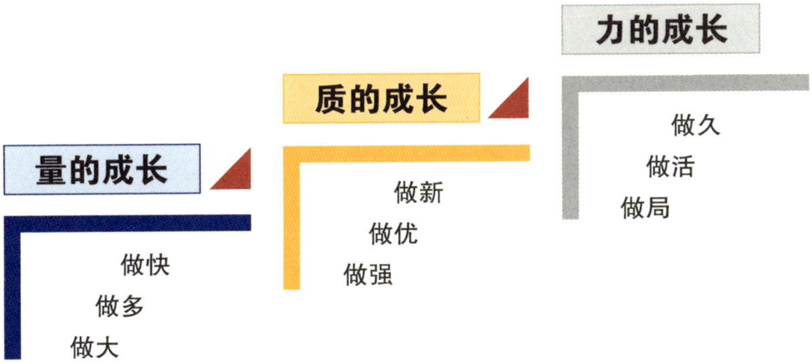


图2 企业的三类成长类型和阶段变迁

## 五 结果导向促发展

2021年是“十四五”规划的第一年，各个企业也基本形成了自己的“五年战略计划”，这就是以结果导向促高质发展。一是继续扩大中国企业的实践结果，也就是实现继续做强、做优、做大的业绩；二是形成中国特色的企业经营管理理论成果。有正确的理论不一定有成功的实践，而成功的实践背后一定有正确的理论支撑。从近现代中外企业管理理论形成和传播的历史看，谁的企业业绩好，谁的管理理论就是对的，就值得大家学习。反之，如果该企业走下坡路，即意味着管理和管理理论出了问题，就不会再成为学习标杆。我们坚信，随着中国企业持续取得成功，必将由管理理论的学习者变为创造者。

过去，中国企业管理的进步基本是遵循袁宝华先生提出的“以我为主、博采众长、融合提炼、自成一家”十六字方针一路走来。中国的企业家以丰富的实践经验，在中国的管理学理论发展中同样起着举足轻重的作用，为中国管理理论的创新贡献了大量闪光思想。作为管理研究者，我们通过跟踪和参与这些具有影响力的企业家的管理实践，能够更了解中国管理和理论的真髓，最终提炼出产生于中国的管理理论。

未来的中国企业家应该站在后天看明天，立足未来，设计未来，继续创新技术方法，继续取得管理成就，继续做出贡献。

“2021 中国 500 强企业高峰论坛”的主题是“新征程，新使命，新作为”。中国企业未来 20 年的挑战会更大。时代变了，对手变了，领域变了，层次变了。中国企业进入不熟悉的业务领域和抢占国际化市场，需要首先在“家里”练好“内功”。打铁还须自身硬，出海要靠万吨轮。

中国企业将作为中国经济和社会的基石和支柱，筑起矗立于世界民族之林的“参天大树”，实现中华民族伟大复兴的中国梦！中国企业正在发生历史性的划时代变化：过去 20 年是追赶，现在是竞合，未来 20 年是领先。过去 20 年是奋斗，现在是开创，未来 20 年是贡献。

20 Years' Stormy and Prosperous Development Experiences of Chinese Top 500 Enterprises

# 目 录

CONTENTS

## 第一章 20年的风雨历程与成就

### 第一节 强中自有强中手



### 第二节 再造全球竞争格局

### 第三节 企业强则中国强



## 第二章 20 年的成长路径与经验

### 第一节 产业升级



### 第二节 区域布局



### 第三节 技术创新

## 第三章 中国企业500强未来的挑战与建议

### 第一节 新征程的六大挑战



### 第二节 新使命的六大建议

# 结 语

## 踏上新征途，须有新作为

20 Years' Stormy and Prosperous Development Experiences of Chinese Top 500 Enterprises

# Chapter Ⅰ 第一章

# 20 年的风雨历程与成就

强中自有强中手 ·
再造全球竞争格局 ·
企业强则中国强 ·

过去20年，中国企业500强（**简称中国500强**）牢牢把握时代的潮流和机遇，快步走向世界经济舞台的中央；过去20年，中国500强在经济领域发挥中流砥柱的作用，不断迎接和化解着来自各方的危机与挑战；过去20年，中国500强适应转型发展的时代要求，持续探索着变革创新驱动的成长新路径。

20年间，共有1408家中国企业进出于中国500强榜单，百舸争流，大浪淘沙。这个榜单，不是一个个简单的数字和名字，而是一个个企业的奋斗史！大家为进入榜单而高兴，为名次提升而欣喜，也为名次下降而着急，为企业消亡而神伤。但无论如何，它们都在中国500强成长壮大的不同时期、不同领域做出了贡献，体现了价值，留下了足迹。

## 第一节
## Section 1
## 强中自有强中手

我们从“量”“质”“力”“新”“活”五个方面来概括中国500强20年的成长特点。

第一是“量”。过去20年，中国500强快速崛起。无论是从营收规模还是资产规模角度来看，中国500强都已从21世纪初的地方级企业转变为国家级企业，其中一部分企业已经成为世界级企业。中国500强通过过去20年的发展，具备了与拥有数十年、甚至上百年积淀的国际领先企业同台竞技的硬实力,这一成长速度世界罕见。

第二是“质”。在规模体量追上了国际领先企业之后，中国500强群体将关注重点落在经营质量上。“质”与“量”密切相关，“量”是营收、资产、人数，而“质”则是各个“量”之间的比率。以往中国500强往往给人“大而不强”的印象，这是问题，但不是错误，这是中国500强成长过程中必须经历的阶段，而且这一现象正在扭转。过去20年，中国500强各项比率指标在企业规模增长的同时都保持了稳步提升，这是难能可贵的。

第三是“力”。它指的是竞争力、影响力。过去 20 年中国 500 强群体的行业影响力与国际竞争力在软、硬两个方面都在稳步提升。“软”的方面包括文化实力、管理实力、品牌实力等，“硬”的方面包括市场实力、资金实力、技术实力、人才实力等。在这些方面，中国 500 强与 20 年前相比肯定都有了明显的进步，但与国际领先企业相比可能还存在不少差距，这也是下一步要重点关注和提升能力的方向。

第四是“新”。只有有了与众不同的特别优势，才能获得超额利益和地位，这就需要各方面的创新，包括技术创新、产品创新、商业模式创新，规则标准创新等。特别是核心技术买不来，必须依靠自己长期的、大量的投入。中国企业发展到今天，科研创新已经成为持续发展甚至能否生存之必须。但是，国际领先企业早就占据了巨大的优势地位，因此极其艰难。我们将通过过往 20 年的科研投入和产出数据分析，为大家展现中国 500 强的创新历程。

第五是“活”。企业能否“活下去”，似乎和规模没有太大关系。中国 500 强依然要面对“活下去”的挑战。作为目前中国最知名的高科技企业之一的华为，以前将“活下去”作为公司的最低纲领，现如今将“活下去”作为公司的最高纲领。可以说存亡问题一直是中国企业要面对的首要问题。过去 20 年，伴随着中国 500 强的发展壮大，“活着”似乎一度不再成为问题，但近几年来，无论是外部竞争对手变得更强大，还是企业内部的经营管理问题集中爆发，都再一次让中国 500 强意识到了“活”的重要性。生存，依旧是中国 500 强经营发展过程中要时刻牢记的底线。在 20 年中国 500 强的榜单中，有落后于他人而退出的企业，有被兼并收购而消失的企业，也有经营不善破产消失的企业。

下面，我们根据过往 20 年的主要指标，分析中国 500 强的总体变化情况。之后，深入分析每个指标前 20 名的企业数据，以了解中国最重分量企业的 20 年动态。

## 一

## 四个指标看“量”的增长

20 年来，中国企业实现了在“量”上的集体飞跃。我们把“量”分为营业收入、利润额、资产规模、员工数量这四个指标进行分析。

### 1. 营业收入最多

谈及中国 500 强 20 年发展成就，经常会提到企业规模迅速扩大、体量日益壮大。如果要用关键词来描述中国 500 强经营规模持续增长的状态，那么就是“20 年 14 倍”和“集体快跑前进”。

2002 年中国 500 强营收总额仅为 6.08 万亿元，到 2021 年这一数字已增至 89.83 万亿元，是 2002 年的 14 倍多，中国 500 强体量不断壮大。同时，从增速来看，2002—2021 年中国 500 强营收增速的平均值达到 15.6%，也充分体现了中国的“集体速度”，如图 1-1 所示。

进一步选择 2002 年、2011 年和 2021 年三个时间节点，把中国 500 强中营业收入平均值和营业收入最高企业的数据进行历史纵向对比，分析 2002—2021 年中国 500 强营收规模总体变动情况，如图 1-2 所示。

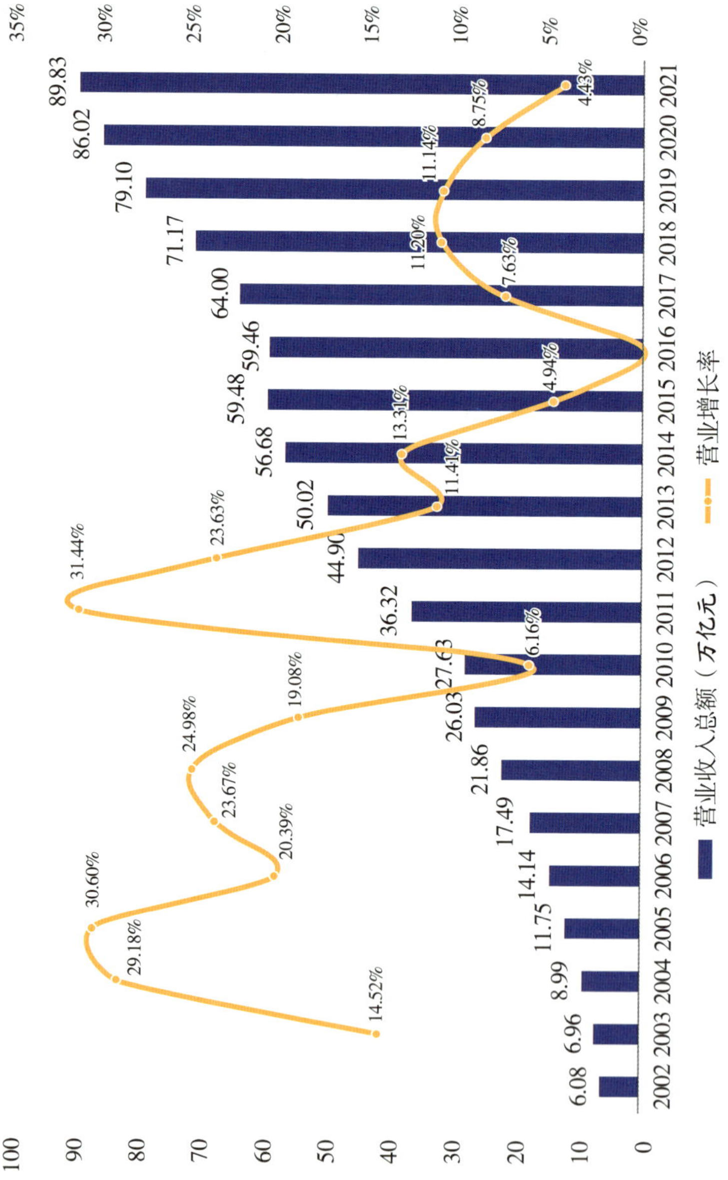


图 1-1 中国500强营收总额与营收增长率变化趋势

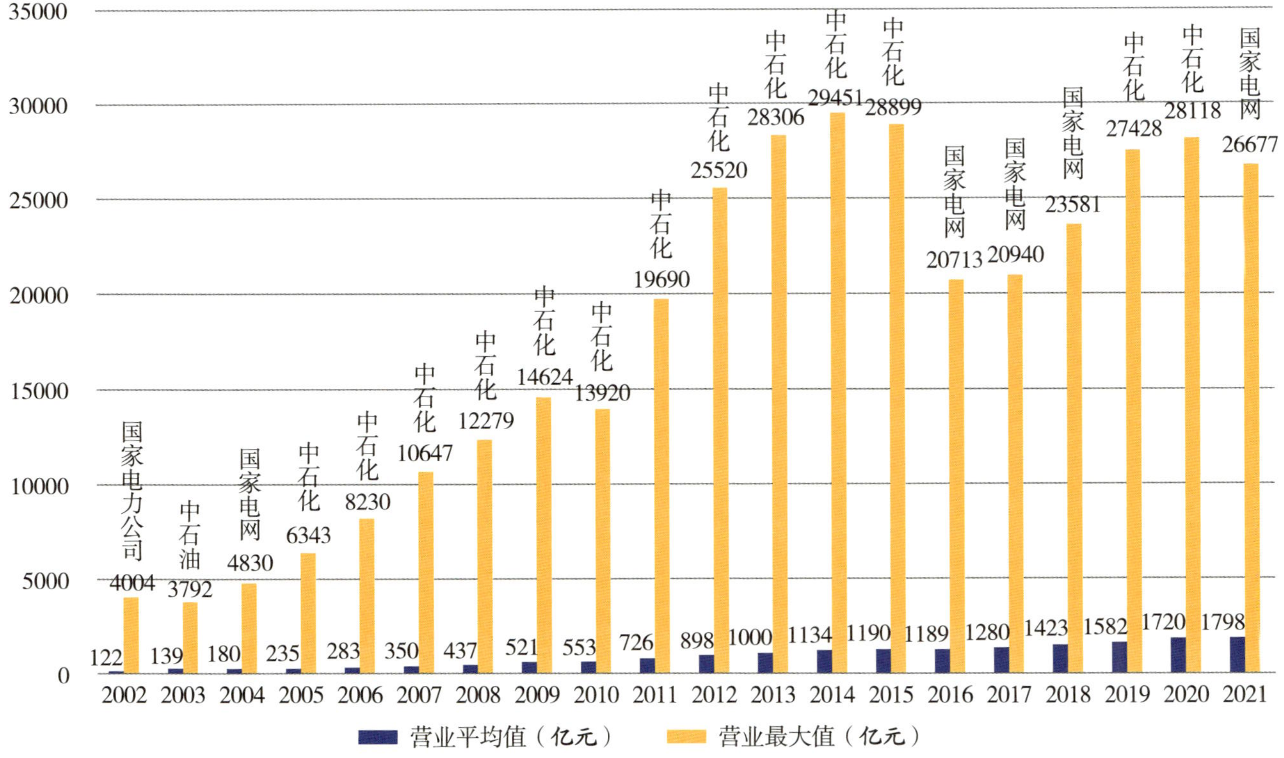


图 1-2　中国 500 强平均营收及营收最高的企业

中国 500 强营业收入持续提升，群体规模不断扩大。

2002 年，营业收入最高的公司是国家电力公司，当年营业收入达到 4004 亿元。同年，中国 500 强的平均营收规模为 122 亿元。最高企业的营收是中国 500 强平均值的 32 倍多，500 强间规模差距显著。

2011 年，营业收入最高的公司是中国石油化工集团有限公司（**简称中石化**），当年营业收入约 1.97 万亿元。而此时中国 500 强的平均营收规模为 726 亿元，前者是后者的 27 倍多。

2021 年，营业收入最高的公司是国家电网有限公司（**简称国家电网**），营业收入已达到约 2.67 万亿元；中国 500 强平均营收为 1798 亿元，前者已降至后者的近 15 倍，群体营收规模增长趋势明显。

如果用营业收入来作为企业成长状态的重要指标，那么 20 年来中国企业的最高营业收入由 4004 亿元增长至 2.67 万亿元，增长 6 倍多；中国 500 强群体的平均营收由 122 亿元增长至 1798 亿元，增长了近 14 倍。

我们使用平均营业收入这个指标，来对 20 年间上榜的 1408 家企业进行梳理和排序，同时剔除了上榜次数少于 5 次的企业，找出了 20 年来平均营业收入规模最大的 20 家中国大企业，它们是这一时期最具“重量级”的中国企业的代表。中石化、国家电网、中国石油天然气集团有限公司（**简称中石油**）、中国工商银行股份有限公司（**简称工商银行**）、中国建设银行股份有限公司（**简称建设银行**）、中国建筑股份有限公司（**简称中国建筑**）、中国人寿保险（集团）公司（**简称中国人寿**）、中国农业银行股份有限公司（**简称农业银行**）、中国银行股份有限公司（**简称中国银行**）和中国移动通信集团有限公司（**简称中国移动**）荣登前 10 位，如表 1-1 所示。

**表 1-1 平均营收规模最大的 20 家企业**

| 排名 | 企业名称 | 平均营收 / 亿元 | 上榜次数 |
|---|---|---|---|
| 1 | 中国石油化工集团有限公司 | 17260.11 | 20 |
| 2 | 国家电网有限公司 | 16491.05 | 18 |
| 3 | 中国石油天然气集团有限公司 | 16127.42 | 20 |
| 4 | 中国工商银行股份有限公司 | 6773.86 | 20 |
| 5 | 中国建设银行股份有限公司 | 5616.08 | 20 |
| 6 | 中国建筑股份有限公司 | 5607.55 | 20 |
| 7 | 中国人寿保险（集团）公司 | 5217.21 | 17 |
| 8 | 中国农业银行股份有限公司 | 5120.18 | 20 |
| 9 | 中国银行股份有限公司 | 4960.80 | 20 |
| 10 | 中国移动通信集团有限公司 | 4950.53 | 20 |
| 11 | 太平洋建设集团有限公司 | 4902.77 | 8 |
| 12 | 中国宝武钢铁集团有限公司 | 4749.34 | 5 |
| 13 | 中国平安保险（集团）股份有限公司 | 4460.81 | 19 |
| 14 | 中国铁道建筑集团有限公司 | 4390.08 | 16 |
| 15 | 中国铁路工程集团有限公司 | 4215.77 | 20 |
| 16 | 上海汽车集团股份有限公司 | 4206.38 | 20 |
| 17 | 中国南方电网有限责任公司 | 3758.06 | 18 |
| 18 | 中国交通建设集团有限公司 | 3590.77 | 16 |
| 19 | 中国海洋石油集团有限公司 | 3500.49 | 20 |
| 20 | 北京京东世纪贸易有限公司 | 3465.99 | 8 |

注：此榜单基于自 2002 年有统计数据以来的中国 500 强营收数据，并剔除上榜次数少于 5 次的企业。

我们认真观察这些大企业名单和数据时，发现了几个突出的特点。

从企业上榜次数可以看到，半数企业实现了年年上榜。在企业成长过程中，进入中国500强不容易，而更难得的是持续上榜，能在20年里稳定保持在中国500强行列中，这就是中国最重量级的大企业。

从产业分布来看，石油、化工、电力、银行、建筑等行业中的企业占据了绝大多数席位。从企业性质来看，掌控国民经济命脉的国有企业是营业收入20强大企业的主体。

在中国经济不断跃升前进的道路上，国有企业始终是国民经济的“领头雁”、关键领域的“压舱石”。特别是近20年来，企业通过积极探索与市场经济相融合的有效途径和方式，不仅自身规模和实力取得长足进步，还为推动我国经济与社会发展、科技进步、国防建设和民生改善做出了历史性贡献。

同时，在20强榜单中我们也看到不断发展壮大的民营企业，例如太平洋建设集团、平安保险、京东等。华为、碧桂园等企业也跻身排名前50行列。与国有企业相比，民营企业的发展壮大有着不同的先天条件。这些企业能够敏锐地捕捉行业发展机遇，乘势而上，在过去20年间蓬勃发展，不断进阶，铸造传奇。

## 2. 利润总额最大

利润是衡量企业经营业绩的一项非常重要的经济指标。我们选取了净利润总和与净利润两项指标来分析企业经营盈利能力。

从净利润总和数据来看，2021年中国500强净利润总和是2002年的13倍多，这一成长速度让人惊叹，如图1-3所示。

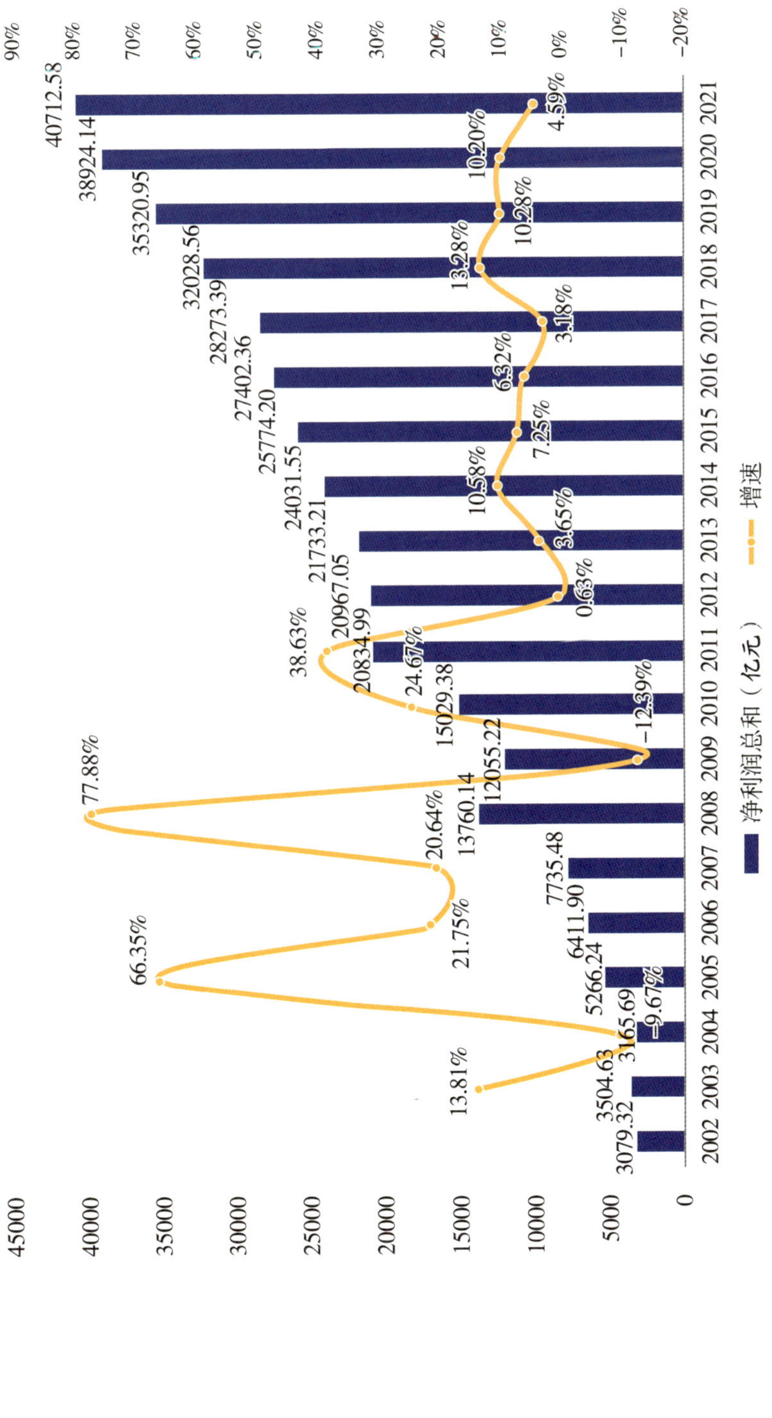


图 1-3 中国 500 强净利润总和及增速变化趋势

从 500 强的净利润总和增速来看，2008 年金融危机导致企业净利润增速明显下滑，中国 500 强积极调整，应对危机，2010 年将净利润增速拉回至 20% 以上，其后年份净利润总和均保持了正增长态势。

过去 20 年，中国 500 强中净利润规模最高的企业，发生过一次重要交替，如图 1-4 所示。

2009 年，工商银行以 1112 亿元净利润取代了此前一直保持第一位的中石油，并在此后保持了高速的净利润增长水平。2010—2020 年，工商银行净利润复合增长率达到 9.88%。中国 500 强中的服务业企业，也由此开启了高速发展道路。

基于 2002—2021 年中国 500 强净利润数据，并剔除上榜次数不足 5 次的企业，我们进一步梳理得到了中国 500 强中平均净利润最高的 20 家企业，包括工商银行、建设银行、中国银行、农业银行、中国移动、中石油、腾讯、中石化、中国海洋石油集团有限公司（**简称中海油**）、国家电网、碧桂园和中国邮政集团有限公司（**简称中国邮政**）等企业。

在企业平均净利润榜单中我们看到，互联网企业从一众银行、国有企业中脱颖而出，它们见证了我国互联网行业从无到有，从“跟跑者”变成“并跑者”的发展历程。

随着互联网技术的不断发展，与各行业融合出更多的应用场景，万物互联的趋势越来越明显。上榜的互联网企业在互联网浪潮中找到了自己的业务方向，成为众多网络节点的支点与中间平台，受益于网络效应带来的巨大效益，成长为万物互联下的超级巨头。

碧桂园以强大的成本控制力成为行业内最赚钱的公司之一，以 355.36 亿元的年平均净利润位列第十七名。这一成绩在房地产企业中实属不易。

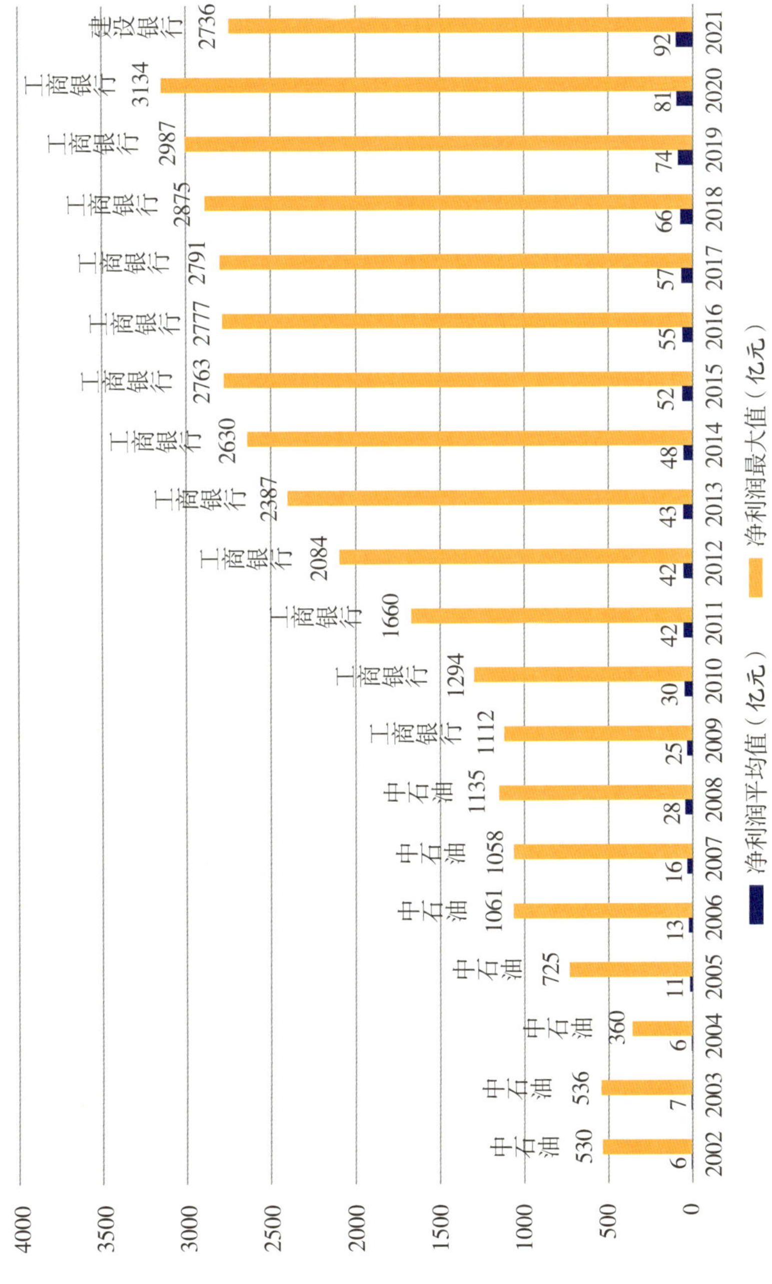


图 1-4　中国 500 强平均净利润及净利润最高的企业

一方面，随着行业告别高增长、高利润时代，碧桂园多次进行组织变革，对总部部门进行整合，对区域公司也进行了多次调整，从而控制成本支出，实现提质增效。另一方面，随着房地产企业规模的普遍提升，科技逐渐成为多元化的一部分，碧桂园积极参与机器人研发，并已取得长足的进步。公司研发的建筑机器人有利于提升建造效率，降低成本，提升建筑过程中的安全性成为公司在行业发展中独一无二的优势。

同时，基于自2019年有统计以来的中国500强利润总额数据，得到了平均利润总额排名前20的企业名单。

平均利润总额前20强企业中数量最多的是银行，银行业是中国最赚钱的行业。

中国银行业利润总额高的最主要原因是资产规模巨大。2009年中国银行业资产规模比上年增加26%，首次超过美国。2018年中国银行业资产规模已经超过美国、日本、德国银行业资产规模之和。有了如此庞大的资产规模，只要经营得当，政策有利，银行的利润总额也自然不会低。此外，近十年来，我国的银行业不断降本增效，持续提升经营效率，这也是利润总额较高的内因之一。

不过，利润额指标和企业经营模式密切相关。有14家在榜期间平均利润为负的公司，其中10家是煤炭、钢铁、化工行业的老牌企业，这可能是行业环境和经营造成的问题。也有京东和美团2家互联网电商公司，入榜时间短，也处于平均利润亏损状态，这可能是此类公司的经营模式所致，它们目前要的不是年度利润，而是市值和未来估值。

### 3. 资产规模最大

如果说营业收入规模和增长代表企业的“个头”，那么企业总资产规模和增长则代表企业的“块头”。20 年来，中国企业在“长个”的同时同步“长肉”，但不同企业的“长肉”能力仍有很大差异。

以资产总额的角度来分析，近 20 年时间，中国 500 强的资产总额从 2002 年的 26.03 万亿元，增至 2021 年的 343.58 万亿元，增长了 12 倍多，如图 1–5 所示。

2002 年中国 500 强中资产规模最大的企业是工商银行，当年总资产达到了 4.3 万亿元；同年，中国 500 强资产总额平均值为 529 亿元，如图 1–6 所示。

到 2021 年，中国 500 强中资产规模最大的企业依然是工商银行，其资产规模已经达到了 33 万亿元，与 2002 年相比，增长近 6.7 倍；中国 500 强资产总额平均值为 6874 亿元，与 2002 年相比，增长近 12 倍。

我们把 2002—2021 年中国 500 强的平均总资产作为主要指标，剔除上榜次数不足 5 次的企业，筛选出了 20 年来平均资产规模最大的 20 家企业，包括工商银行、建设银行、农业银行、中国银行、中国邮政、中石油、国家电网、中石化和北京银行股份有限公司（**简称北京银行**）等，如表 1–2 所示。

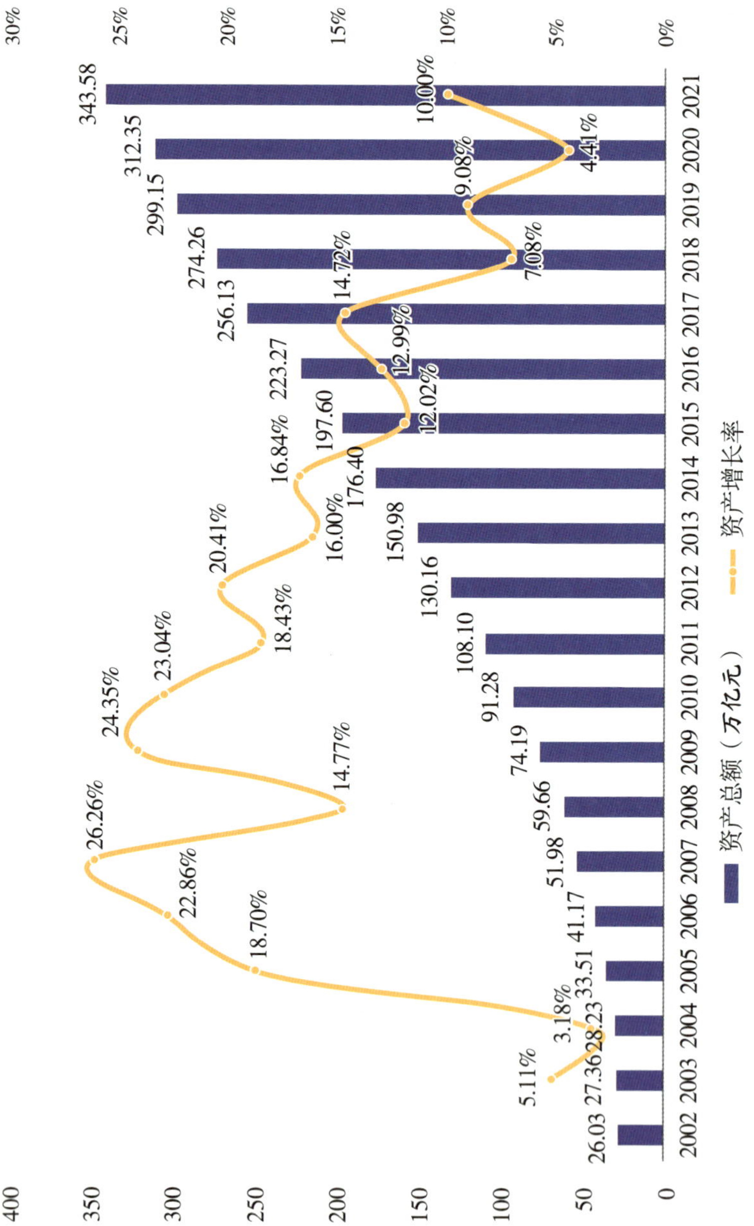


图 1-5 中国500强资产总额与资产增长率变化趋势

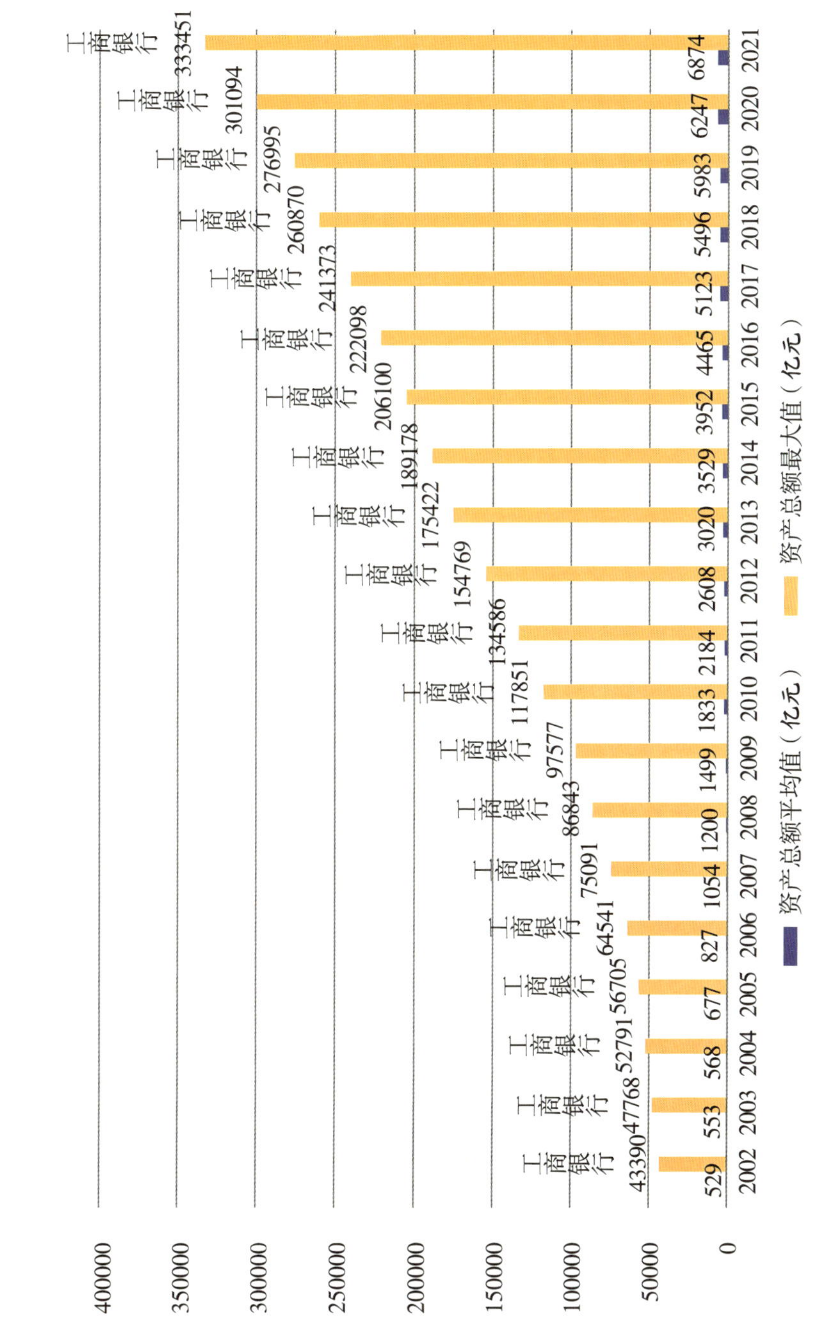


图 1-6 中国 500 强平均资产总额及资产总额最高的企业

## 表 1-2 平均资产规模最大的 20 家企业

| 排名 | 企业名称 | 平均资产 / 亿元 | 上榜次数 |
|---|---|---|---|
| 1 | 中国工商银行股份有限公司 | 156924.58 | 20 |
| 2 | 中国建设银行股份有限公司 | 127262.51 | 20 |
| 3 | 中国农业银行股份有限公司 | 117574.11 | 20 |
| 4 | 中国银行股份有限公司 | 116901.69 | 20 |
| 5 | 中国邮政集团有限公司 | 59436.66 | 15 |
| 6 | 交通银行股份有限公司 | 47754.67 | 20 |
| 7 | 中国中信集团有限公司 | 41247.09 | 16 |
| 8 | 兴业银行股份有限公司 | 37987.76 | 15 |
| 9 | 上海浦东发展银行股份有限公司 | 37965.01 | 15 |
| 10 | 中国光大集团有限公司 | 34714.86 | 11 |
| 11 | 招商银行股份有限公司 | 32502.00 | 20 |
| 12 | 中国平安保险（集团）股份有限公司 | 31103.85 | 19 |
| 13 | 民生银行股份有限公司 | 30567.03 | 18 |
| 14 | 中国石油天然气集团有限公司 | 26325.62 | 20 |
| 15 | 国家电网有限公司 | 24574.14 | 18 |
| 16 | 中国人寿保险（集团）公司 | 24116.86 | 17 |
| 17 | 上海银行股份有限公司 | 17609.62 | 5 |
| 18 | 中国石油化工集团有限公司 | 14989.98 | 20 |
| 19 | 北京银行股份有限公司 | 13675.09 | 16 |
| 20 | 华夏银行股份有限公司 | 13650.40 | 20 |

注：此榜单基于自 2002 年有统计数据以来的中国 500 强平均资产数据，并剔除上榜次数少于 5 次的企业。

在这平均资产规模最大的 20 家企业中，我们看到的基本都是重资产特征非常明显的企业，以及由于会计核算制度不同而上榜的大批银行类企业。由此可知，企业资产总量与行业特点是直接相关的。

其中，资产规模最容易变大的是银行业。银行主要吸收存款，虽然它是一项负债，但是能很快地放大资产规模。在资产规模最大的 20 家企业中有 12 家银行，超过了半数。

中石油、中石化、国家电网也处于前 20 名企业中。石油、电力等行业最依靠资产投资，要发展必须持续投入巨资，进行资产构建，这是一个典型的重工业化特点。

### 4. 员工数量最多

员工数量体现企业的组织规模，在人力资本固定的情况下，员工数量就是一个企业生存的基本保障，在人力资本增值能够有效促进财务资本增值目标的前提下，员工数量的变化可以在一定程度上展现该企业经营成绩与未来发展前景。

总体来看，过去 20 年中国 500 强员工数量呈现波动上涨的趋势，由 2002 年的 1935 万人提高至 2021 年的 3340 万人，增长了约 1405 万人。这一数据是中国 500 强组织规模持续扩大的体现，如图 1–7 所示。

进一步选择 2002 年、2010 年和 2021 年三个时间节点的中国 500 强中员工数量最少的企业和员工数量最多的企业的数据进行历史纵向对比，分析 2002—2021 年中国 500 强员工规模总体变动情况，如图 1–8 所示。

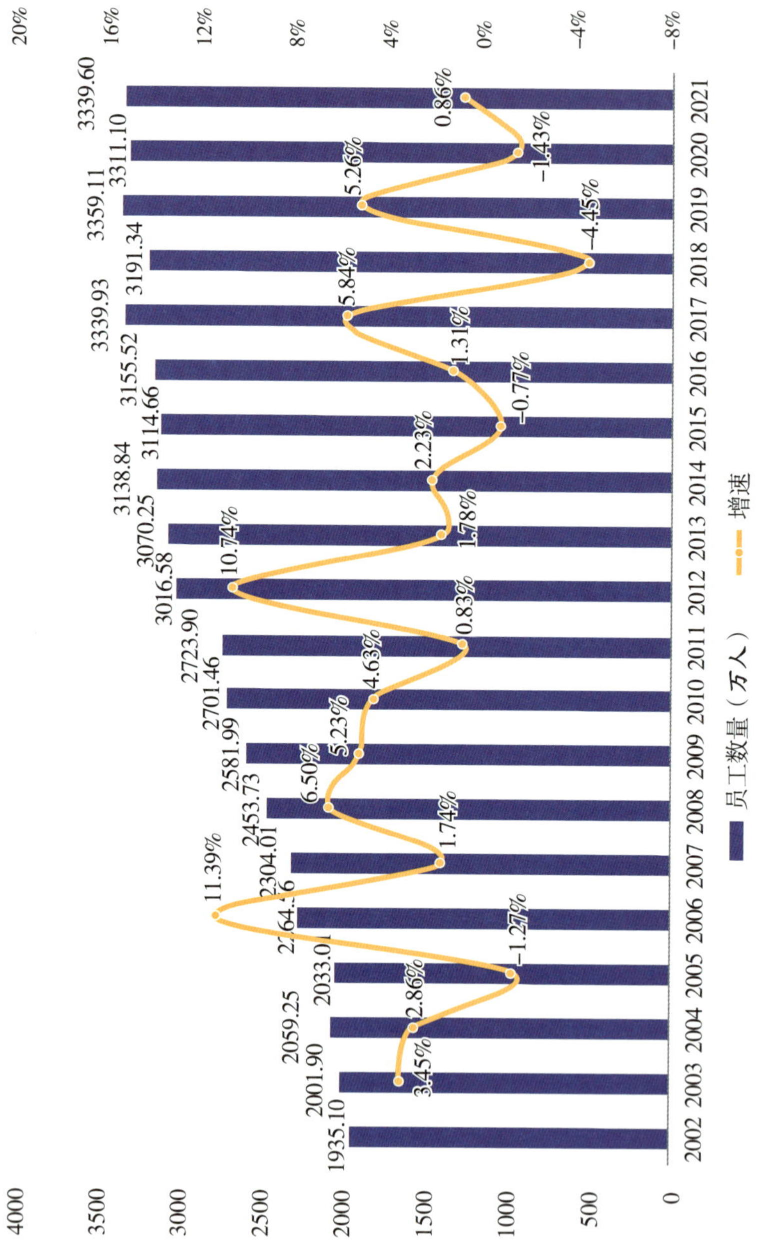


图 1-7　中国 500 强员工数量变化趋势

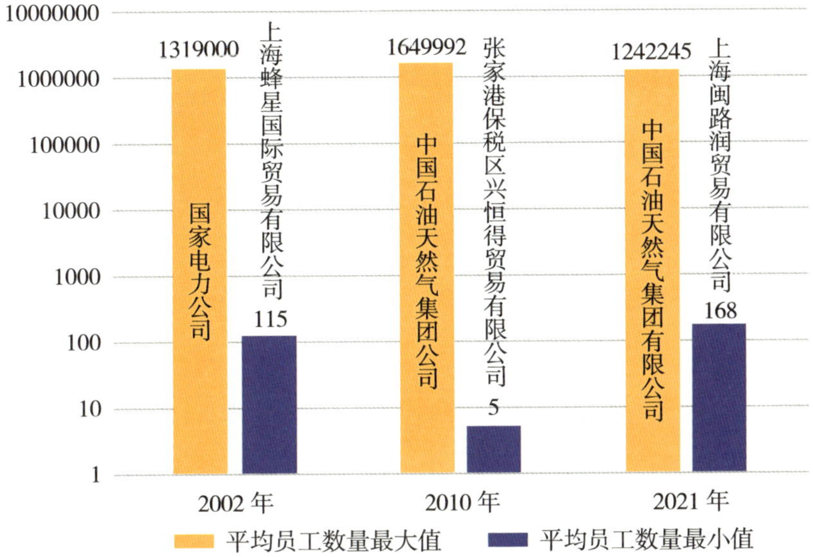


**图 1-8　中国 500 强员工数量最大值与最小值公司数据**

在以上三个时间节点，企业平均员工数量最少的企业都是商贸类企业，这也符合商贸行业特点。2010 年和 2021 年员工数量最多的企业都是中石油，但平均员工数量有所下降，从 165 万人减少至 124 万人。中石油通过优化劳动组合，加快自动化、数字化技术应用等途径，实现人员精简和用人效率提升。

基于 2002—2021 年中国 500 强平均员工数量数据，并剔除上榜次数不足 5 次的企业，我们进一步梳理得到了中国 500 强中平均员工数量最多的 20 家企业，包括中石油、国家电网、中国邮政、中石化、黑龙江北大荒农垦集团（**简称北大荒集团**）等企业，如表 1-3 所示。

**表 1-3　平均员工数量最多的 20 家企业**

| 排名 | 企业名称 | 平均员工数量 / 万人 | 上榜次数 |
|---|---|---|---|
| 1 | 中国石油天然气集团有限公司 | 138.55 | 20 |
| 2 | 国家电网有限公司 | 100.30 | 18 |
| 3 | 中国邮政集团有限公司 | 87.65 | 15 |
| 4 | 中国石油化工集团有限公司 | 76.85 | 20 |
| 5 | 黑龙江北大荒农垦集团总公司 | 58.62 | 20 |
| 6 | 中国航空工业集团有限公司 | 46.91 | 13 |
| 7 | 中国人民保险集团股份有限公司 | 45.56 | 17 |
| 8 | 中国农业银行股份有限公司 | 43.14 | 20 |
| 9 | 中国电信集团有限公司 | 42.12 | 20 |
| 10 | 中国工商银行股份有限公司 | 41.62 | 20 |
| 11 | 太平洋建设集团有限公司 | 35.20 | 8 |
| 12 | 中国建设银行股份有限公司 | 33.14 | 20 |
| 13 | 中国铁道建筑集团有限公司 | 29.59 | 16 |
| 14 | 中国联合网络通信集团有限公司 | 29.04 | 13 |
| 15 | 中国建筑股份有限公司 | 28.37 | 20 |
| 16 | 中国铁路工程集团有限公司 | 28.07 | 20 |
| 17 | 中国华润有限公司 | 27.34 | 20 |
| 18 | 中国移动通信集团有限公司 | 26.90 | 20 |
| 19 | 中国兵器工业集团有限公司 | 26.53 | 20 |
| 20 | 中国南方电网有限责任公司 | 25.88 | 18 |

注：此榜单基于自2002年有统计数据以来的中国500强员工数量数据，并剔除上榜次数少于5次的企业。

## 二

## 三个指标看“质”的提升

企业管理不仅是对人、财、物的某一部门或业务的管理，更重要的还有对企业成长状态的管理。在本节，我们选择了利润率、人均营收和营收增长率三个指标来分析企业的成长效益、成长效率和成长潜力，从而判断企业的经营质量。

### 1. 利润率最高

从根本上来说，企业是一个营利性组织，企业的生命就在于如何把钱赚进来，再如何花出去。因而判断企业经营质量的重要指标之一就是企业的盈利能力。因此，我们选择了营收利润率和净利润率两项指标，对中国 500 强盈利能力进行分析。

从 2002—2021 年中国 500 强平均净利润率变化趋势来看，中国 500 强平均净利润率在 3%～6% 之间波动。“十五”计划、“十一五”规划和“十二五”规划期间，中国 500 强平均净利润率波动较大，而“十三五”规划期间，中国经济进入新发展阶段，中国 500 强在迈向高质量发展的道路上稳步前进，如图 1-9 所示。

通过净利润率增速的变化，能更为直观地看到中国 500 强平均净利润率的波动趋势。整体来看，中国 500 强净利润率波动趋势呈现出双“W”形态势，基本与我国经济放缓后回升的态势一致。在“十五”计划和“十二五”规划时期，面对复杂多变的发展环境，企业平均净利润率增速总体呈现负增长趋势，如图 1-10 所示。

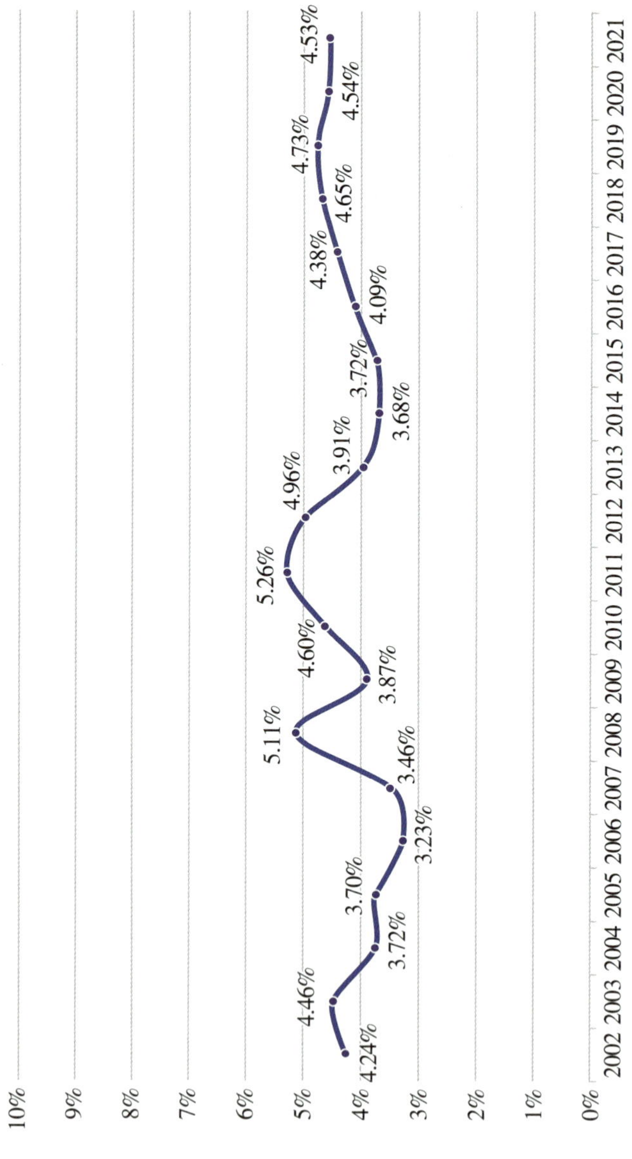


图 1–9 中国 500 强平均净利润率变化趋势

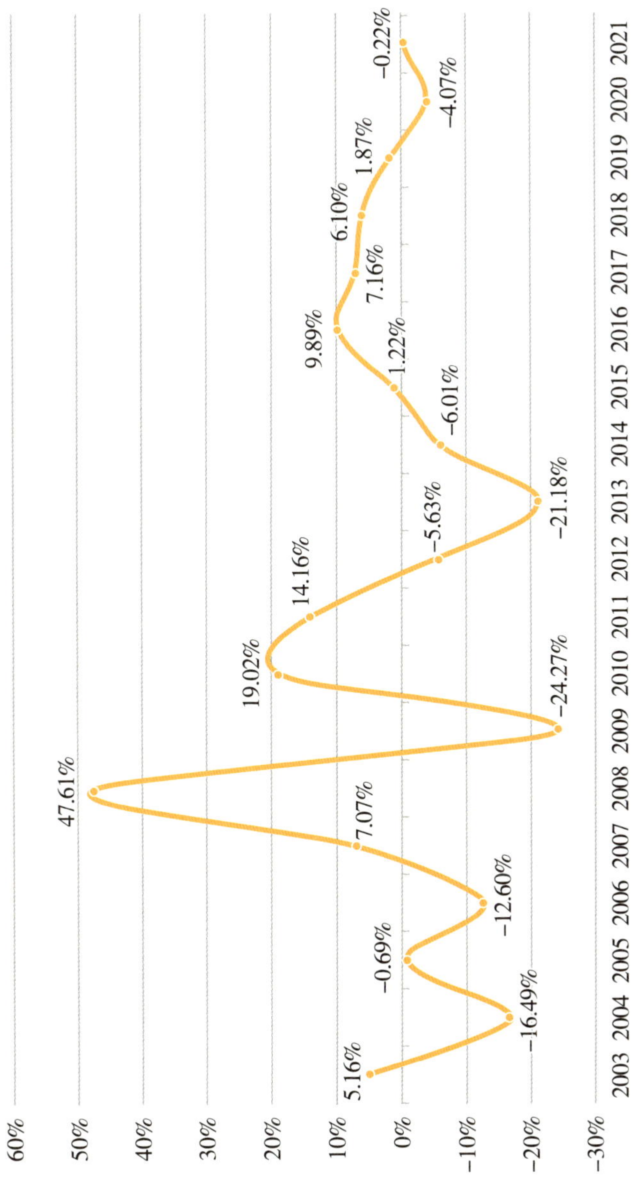


图 1-10 中国 500 强平均净利润率增速变化趋势

梳理中国500强净利润率最高和营业收入利润率最高的企业，分析中国500强在近20年提升盈利能力的特点。

在净利润率方面，剔除上榜次数少于5次的企业，筛选出近20年净利润率最高的20家企业，贵州茅台、腾讯、百度和北京银行等企业均位于榜单中。

互联网巨头均跻身前列，究其原因，这几家互联网领头企业在保持营业收入增长的同时，不断根据市场需求与产业发展趋势优化组织结构，进行技术创新与研发投入，用技术和组织结构优化产生的效率进一步抵消扩大业务板块所花费的成本，从而保证公司净利润取得健康、稳定与持续的增长。

进一步排除银行企业，梳理出非银行业净利润率最高的20家企业。在这一排名中，我们看到了龙湖集团、碧桂园等房地产企业。成立于1993年的龙湖集团在用户导向、敬畏市场、审慎前行的经营理念指引下，坚持规模发展与质量并重。公司围绕业主生活需求和市场需求，持续探索高附加值的产品与服务形式，为业主提供房屋租售、家居家政、旅游服务、优选好物等全生活服务链，在保障服务品质的同时也保障了稳定的盈利能力。龙湖集团以19.81%的平均净利润率，位列净利润率榜单第六名。

基于自2019年有统计以来的中国500强利润总额数据，以及企业的营业收入数据，梳理中国500强的营业收入利润率，从中也可以看出一些特点。

行业好则企业利润率高，但行业不好同样有钱赚。在营业收入利润率排行榜上，招商银行、中国银行、农业银行等9家银行上榜，不必赘述，其集体效益好。贵州茅台、五粮液等企业同样受益于行业特性，保持良好的利润水平。而位列榜单第 14 名的万华化学则凭借不断创新的核心技术、产业化装置和高效的运营模式，同样能在竞争激烈的市场中占据有利地位，支撑企业的盈利水平。

同样，我们剔除银行企业，重新筛选出营业收入利润率最高的 20 家企业。在企业营业收入和营业收入利润率的排名中，企业的名次是有差别的：营业收入大的企业，利润率却不一定高；而营收、利润规模不大的企业，通过精细化管理，降本增效，也能实现高利润率，成为“小而精”的典范。

例如广东越秀集团，在营业收入、利润总额的排名中处于百名开外的位置，但在营业收入利润率排名中，一举跃入前 20 名。

### 2. 人均营收最高

梳理 2002—2021 年中国 500 强营业收入与员工数量数据，计算得出人均营收数据。整体来看，过去 20 年，中国 500 强人均营收实现了突飞猛进的发展，2021 年为 269.03 万元 / 人，是 2002 年的近 8.6 倍，如图 1-11 所示。

从时间维度来看，2002—2010 年，中国 500 强经历高速发展，人均营收迅速提升，增速基本保持在 10% 以上，2005 年一度达到了 32.29%；2011—2017 年，中国 500 强人均营收增速明显下降，2016 年增速出现负增长。近年来，中国 500 强通过调整业务结构、引进新技术等途径，持续优化用人效率，并取得了一定效果。

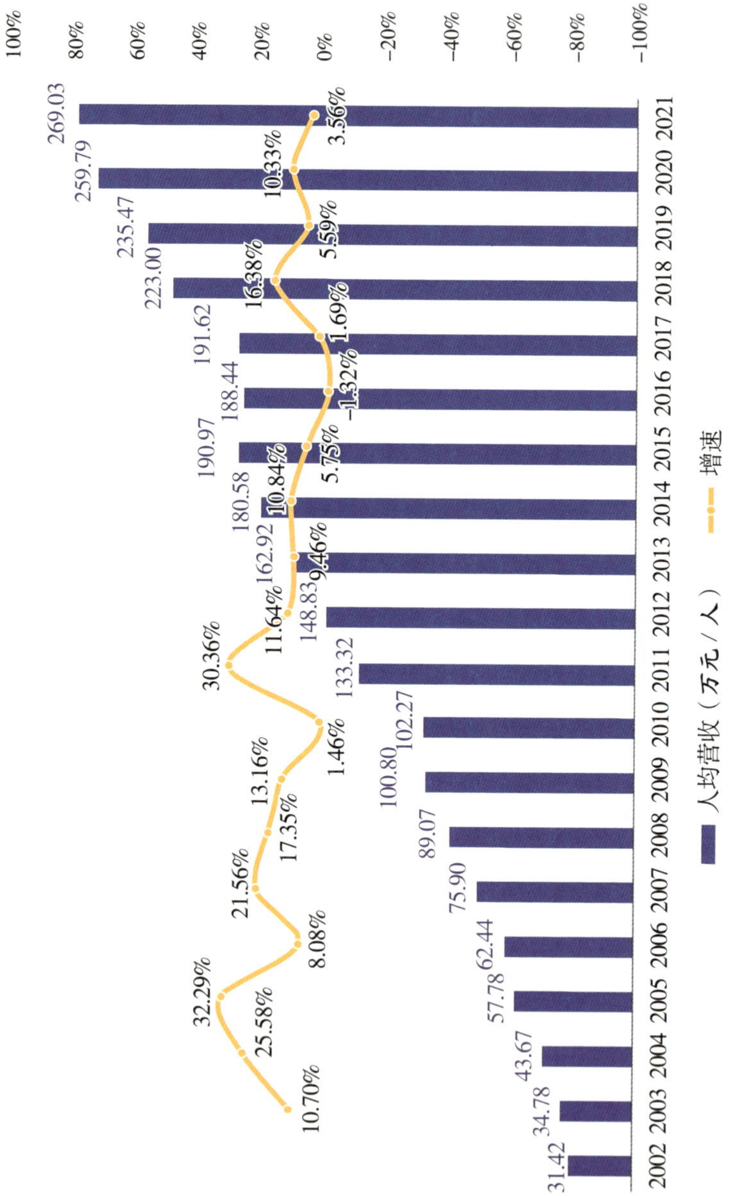


图 1-11　中国 500 强人均营收及增速变化趋势

但与一些国家相比，我国企业的人均营收还是普遍存在差距。其根本原因，还是分配机制的设计。按劳分配会造成平均主义，既按劳分配，又要充分拉开差距是很难做到的。如果改变思路，以按劳分配为基础，以按贡献分配为主导，可能是一种激发中国企业提高组织活力，提升人均营收和人均利润，从而提升人均收入的有效机制。

通过梳理 20 年间上榜的 1408 家企业人均营收数据，并剔除上榜次数少于 5 次的企业，排出了人均营收最高的 20 家企业名单，其中包括西安迈科金属国际集团有限公司、北京江南投资集团有限公司、浙江前程投资股份有限公司、远大物产集团有限公司和上海钢联电子商务股份有限公司等企业，如表 1-4 所示。

**表 1-4　人均营收最高的 20 家企业**

| 排名 | 企业名称 | 人均营收均值 /（万元 / 人） | 上榜次数 |
|---|---|---|---|
| 1 | 西安迈科金属国际集团有限公司 | 20174.58 | 7 |
| 2 | 北京江南投资集团有限公司 | 8981.56 | 5 |
| 3 | 浙江前程投资股份有限公司 | 7575.44 | 11 |
| 4 | 远大物产集团有限公司 | 7367.59 | 16 |
| 5 | 上海钢联电子商务股份有限公司 | 3470.70 | 5 |
| 6 | 上海均和集团有限公司 | 2872.16 | 7 |
| 7 | 河北省物流产业集团有限公司 | 2747.61 | 11 |
| 8 | 中华联合保险集团股份有限公司 | 2688.03 | 8 |
| 9 | 中基宁波集团股份有限公司 | 2190.92 | 10 |
| 10 | 前海人寿保险股份有限公司 | 2173.31 | 5 |
| 11 | 深圳市爱施德股份有限公司 | 2017.98 | 8 |

续表

| 排名 | 企业名称 | 人均营收均值/（万元/人） | 上榜次数 |
|---|---|---|---|
| 12 | 物产中大集团股份有限公司 | 1960.35 | 11 |
| 13 | 东浩兰生（集团）有限公司 | 1769.12 | 14 |
| 14 | 正威国际集团有限公司 | 1716.31 | 13 |
| 15 | 山东汇丰石化集团有限公司 | 1712.65 | 6 |
| 16 | 山东金诚石化集团有限公司 | 1635.78 | 14 |
| 17 | 绿地控股集团股份有限公司 | 1527.33 | 20 |
| 18 | 厦门象屿集团有限公司 | 1361.28 | 15 |
| 19 | 神州数码集团股份有限公司 | 1350.84 | 7 |
| 20 | 中国国际技术智力合作集团有限公司 | 1296.76 | 14 |

**注：此榜单基于自2002年有统计数据以来的中国500强营收与员工数量数据，并剔除上榜次数少于5次的企业。**

总体来看，上榜企业员工规模都不算高，企业主要依托高附加值的技术与服务来保证企业的收入规模，从而人均营收位于行业前列。

### 3. 营收增长最快

这个世界上没有永远的胜利者，只有持续的奋斗者和赶超者，还有失败者和掉队者。企业的成长也是如此。中国500强经过第一个十年的高速成长和第二个十年的稳健发展，有的依然在领跑，有的从默默无闻快速追赶进入第一梯队，有的咬紧牙关保持位置，有的遭遇挫折已经掉队。

我们在感叹中国 500 强群体创造出的高速成长奇迹的同时，更关心哪些是过去 20 年中成长最快的企业，以及它们为什么能够取得如此优异的成绩。

基于自 2002 年有统计以来的中国 500 强营业收入数据来计算企业近 20 年的复合增长率，并剔除上榜次数少于 5 次的企业，整理出营业收入复合增长率最高的 20 家企业，它们代表了近 20 年来成长得最快的中国企业，例如正威国际、京东、腾讯、恒力、碧桂园、珠海华发集团、重庆金科投资控股集团、青山控股和中南控股等。

通过考察近 20 年来成长得最快的中国企业名单，我们可以发现以下突出特点。

第一，成长最快的公司集中分布在上升周期行业中。时代经济巨潮造就了庞大而快速增长的市场，从而培育出中国快速上升的行业。在这些处于上升周期的行业中，涌现了大批创造出增长奇迹的中国企业。过去 20 年信息技术的蓬勃发展，有力带动了互联网经济的兴起。京东和腾讯等典型的互联网企业以 40.40% 和 37.72% 的复合增长率，在近 20 年营业收入复合增长率最高的 20 家企业名单中名列前茅。

第二，传统行业也能孕育大公司。企业要想快速成长，不讲行业是不行的，但只讲行业、唯行业论也不尽然。这有两个原因：一是即使在产生众多大公司的上升行业中，也有一些在中国 500 强中不断掉队甚至衰亡的企业；二是在近 20 年营业收入复合增长率最高的 20 家企业名单中，依然有来自传统行业的企业，如金属行业的青山控股，其 20 年营收复合增长率达到 31.76%，排名第九位；建材行业的中国建材集团，其 20 年营收复合增长率达到 28.92%，排名第十八位。

## 三

## 三个指标看“力”的强化

我国市场规模庞大，有足够的规模经济空间，某些产品只要在国内市场越过规模经济点，就可以在国外市场上赢得竞争优势。2019年世界500强榜单上，中国企业数量已经有129家之多，是中国也是其他国家第一次超过美国企业数量。2021年，我国进入世界500强榜单的企业数量进一步增加至143家。

虽然数量占据优势，但是中国企业没有获得足够的领先优势，需要执行“数一、数二、数三”的相对优势战略，从国内数一、数二、数三，到全球数一、数二、数三，在更多的核心产业争取寡占地位！强势地位！

我们从市场占有率、跨国指数和最低资产负债率三个指标来分析企业在内外部环境中的相对竞争优势。

### 1. 市场占有率最高

历数那些成功的世界级大企业，其战略宗旨往往是要么不做，要做就是垄断。在一个行业之中，企业之间的较量就是看谁先掌握竞争优势，谁先形成竞争势能。2021年中国500强群体涉及26个行业大类、93个行业小类，从中走出了几乎涵盖中国各行业领域的领军企业，如表1–5所示。

**表 1-5　2021 年分行业营收排名第一的企业**

| 行业 | 企业 | 营收 / 亿元 |
| --- | --- | --- |
| 农、林、牧、渔业 | 中国林业集团有限公司 | 2046.09 |
| 采矿业 | 中国石油天然气集团有限公司 | 19593.12 |
| 电力生产 | 中国华能集团有限公司 | 3141.93 |
| 食品饮料生产 | 新希望控股集团有限公司 | 2180.80 |
| 消费品生产 | 海尔集团公司 | 3024.73 |
| 化学品制造 | 中国石油化工集团有限公司 | 19577.25 |
| 药品和医疗设备制造 | 上海医药集团股份有限公司 | 1919.09 |
| 建材生产 | 中国建材集团有限公司 | 3940.97 |
| 金属产品 | 中国宝武钢铁集团有限公司 | 6737.39 |
| 机械设备 | 潍柴控股集团有限公司 | 3048.83 |
| 计算机、通信设备及其他电子设备 | 华为投资控股有限公司 | 8913.68 |
| 交通运输设备及零部件制造 | 上海汽车集团股份有限公司 | 7421.32 |
| 防务 | 中国兵器工业集团有限公司 | 4900.22 |
| 建筑业 | 中国建筑股份有限公司 | 16150.23 |
| 公用事业服务 | 国家电网有限公司 | 26676.68 |
| 交通运输业 | 中国远洋海运集团有限公司 | 3311.89 |
| 邮政和物流 | 中国邮政集团有限公司 | 6645.00 |
| 电信及互联网信息服务 | 中国移动通信集团有限公司 | 7715.97 |
| 批发贸易 | 中粮集团有限公司 | 5303.05 |
| 零售业 | 苏宁控股集团 | 5827.81 |
| 金融业 | 中国平安保险（集团）股份有限公司 | 13214.15 |

续表

| 行业 | 企业 | 营收 / 亿元 |
| --- | --- | --- |
| 商务服务 | 中国国际技术智力合作集团有限公司 | 1185.31 |
| 旅游、餐饮及文化娱乐 | 中国旅游集团有限公司 | 699.28 |
| 综合 | 中国华润有限公司 | 6861.19 |

采矿业中的中石油、电力生产领域的中国华能、化学制品领域的中石化、医药领域的上海医药集团、公用事业领域的国家电网、邮政物流领域的中国邮政、电信领域的中国移动等企业，都在各自行业领域中占据着不可动摇的领先地位。它们在中国 500 强群体中也都保持着上榜超过 10 年以上且当前依旧稳居营收规模行业第一地位的位置。

在食品饮料领域，光明集团一度取代了河南双汇，成为行业第一，之后又被新希望集团所取代；在建材领域，中国建筑材料集团取代了海螺集团，成为行业第一，在 2016 年合并重组为中建集团，进一步站稳第一位置；金属产品领域，宝钢持续占据行业第一位置，2016 年与武钢重组为宝武集团后，行业地位更加不可动摇；在机械设备领域，潍柴集团取代了上海电气集团第一的位置；交通运输设备领域，上汽集团取代了一汽集团、东风集团的第一位置；建筑领域，中国建筑取代了中铁建成为行业第一；零售领域，苏宁取代了百联集团成为行业第一；文旅领域，中旅集团整合港中旅，成为行业第一。

还有一些行业领域的争夺依旧激烈。农、林、牧、渔领域，中国林业集团与北大荒集团持续竞争行业第一的位置；消费品生产领域，海尔集团与山东魏桥均在一定时期内保持行业第一的位置，但仍未稳定，2012—2019 年山东魏桥行业第一，2020 年再次被海尔集团取代；计算机、通讯及电子设备领域，联想与华为均屡次问鼎行业第一的宝座，但从 2020 年的 500 强榜单数据来看，华为营收已经是联想的两倍有余，其行业第一的地位或将稳固；在房地产领域，绿地、万科、万达、碧桂园均短暂取得过行业第一的位置，但逐鹿之势依旧，彼此之间并未拉开足够的差距。

进一步选取两类具有代表性的行业领域来考察其中领军企业的市场份额变化趋势。

第一是计算机、通信设备及其他电子设备制造业领域，其市场竞争格局较为稳定，但龙头企业的领先优势日益凸显，如图 1–12 所示。

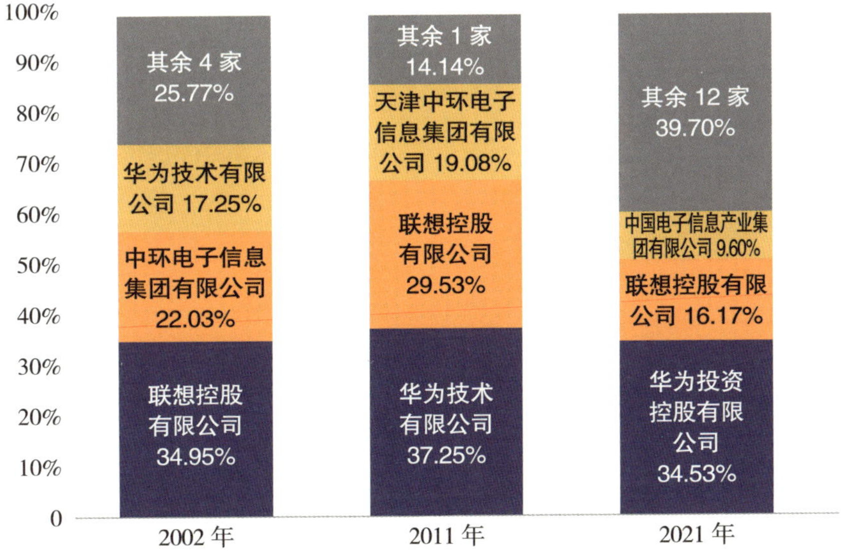


**图 1–12　中国 500 强计算机、通信设备及其他电子设备制造业龙头企业营收占比**

2002年，进入中国500强榜单的该行业企业共7家，排名第一的企业是联想控股有限公司，其营收占比为34.95%。

2011年，进入中国500强榜单的该行业企业数量减少至4家，排名第一的企业是华为技术有限公司，其营收占比为37.25%。

2021年，进入中国500强榜单的该行业企业数量增加至15家，排名第一的企业是华为技术有限公司的母公司——华为投资控股有限公司。虽然该领域进入中国500强榜单的企业数量增多，但是华为的领先优势依旧稳固，其营收占比为34.53%，比排名第二的联想营收占比多出一倍。

第二是交通运输设备及零部件制造业领域。如果说计算机、通信设备及其他电子设备制造业市场格局是“少而精”，那么交通运输设备及零部件制造业呈现的特点则截然相反，是“多而散”，如图1–13所示。

2002年，中国500强榜单中，交通运输设备及零部件制造业有25家，排名前三的企业分别是一汽集团、东风集团和上汽集团，三家企业营收占比分别为19.13%、17.32%和16.33%，第一名营收占比仅高出第二名不到两个百分点。

2011年，中国500强榜单中，交通运输设备及零部件制造业企业数量比2002年减少了2家，共23家。排名前三的企业还是东风集团、上汽集团和一汽集团，三家企业营收占比分别为16.65%、16.58%和13.27%，第一名与第二名营收占比相差无几。

2021年，中国500强榜单中，交通运输设备及零部件制造业企业数量相比2011年再度减少了4家，共19家。排名前三的企业依然是上汽集团、一汽集团和东风集团，三家企业营收占比分别为15.20%、14.28%和12.27%，第一名与第二名差距较2011年有所拉大。

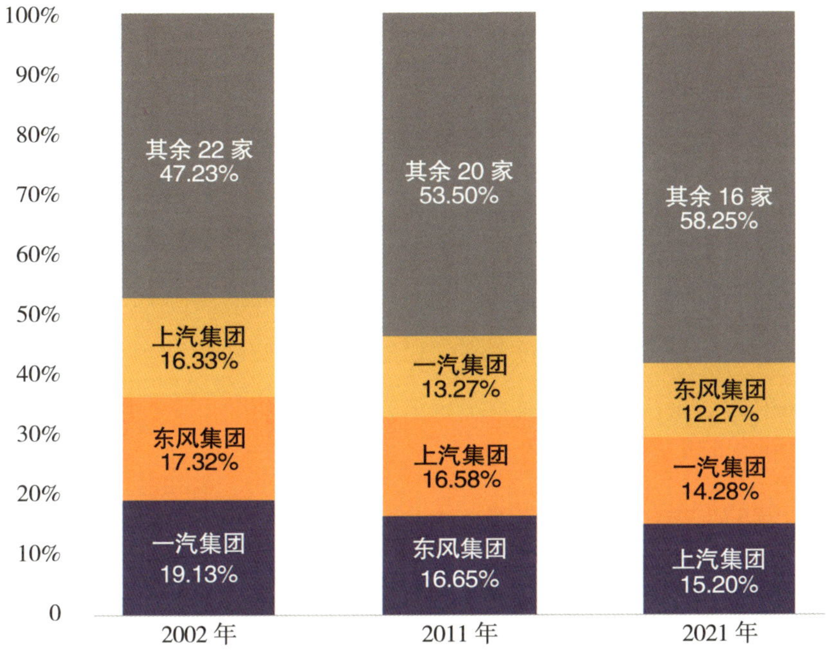


**图 1–13　中国 500 强交通运输设备及零部件制造业龙头企业营收占比**

尽管近 20 年该行业入围中国 500 强榜单的企业数量有所减少，但从营收占比情况来看，竞争格局进一步分散，龙头企业的相对竞争优势有所削弱。2002 年，除前三名企业以外的 22 家企业营收占比为 47.23%，至 2021 年，除前三名企业以外的 16 家企业营收占比为 58.25%，提高了约 11 个百分点。

而上汽集团、一汽集团和东风集团，在 2002 年、2011 年和 2020 年三个时间节点轮流坐上冠军宝座，三者之间的营收差距微乎其微。

近年来，我国汽车产业高速发展，汽车工业规模已经多年跃居世界第一，但和传统汽车强国比仍存在效益竞争力不够强、质量竞争能力不强和中高端汽车供给不足等问题。

## 2. 跨国指数最高

近年来，随着经济发展，我国在国际上的话语权不断提升，企业国际化经营能力作用日益凸显。

经过数十年的探索，尽管当前我国企业的国际化经营总体上还处于前期阶段，但是与最初相比，中国500强的国际化经营能力已经有了明显提高。企业的国际化已经从国际贸易转向本土化发展，从简单的“走出去”转向“走进去”“走上去”，从资源获取转向资源整合与能力提升，从做大规模转向做优、做强企业。企业国际化经营的支撑体系不断完善，为企业开展国际化经营提供法律、会计、审计、评估、投行、融资等方面服务的能力明显增强，国际化经营的整体风控能力得以提高，风险水平有所下降。

将自2011年有统计以来的中国500强国际化运营数据，参照联合国贸易和发展组织的标准，选取企业海外资产占比、海外营收占比和海外员工数量占比等指标，形成企业跨国指数。从中国企业联合会发布的数据看，近年来中国企业的跨国指数逐年稳步提高，参与国际化经营的企业数量不断增加。

在最初开始统计海外收入的第一年，中国500强中只有266家企业实现了海外收入，而截至2020年，中国500强中有海外收入的企业已经稳步增加到301家。2021年，中国500强中有海外收入的企业进一步增加至366家。中国100大跨国公司在首次发布数据的2011年平均跨国指数为12.24%；而2020年，中国100大跨国公司的平均跨国指数已经稳步提高到18.89%。其中万洲国际等5家企业的跨国指数超过了 50%，跨国指数超过 30% 的企业有 21 家。2021 年，中国 100 大跨国公司的平均跨国指数有所下降，但仍保持在 15% 以上水平。

梳理自 2011 年有统计以来的中国 500 强跨国指数数据，并剔除上榜次数少于 5 次的企业，以海外资产规模排序，整理出企业国际化运营最佳的 20 家企业，包括中石油、中石化、中海油、中国中信集团有限公司和国家电网等企业，如表 1-6 所示。

**表 1-6　国际化运营最佳的 20 家企业**

| 综合排名 | 企业名称 | 平均海外资产 / 亿元 | 平均海外营收 / 亿元 | 平均海外员工人数 | 平均跨国指数 | 上榜次数 |
|---|---|---|---|---|---|---|
| 1 | 中国石油天然气集团有限公司 | 90739103 | 105327059 | 114670 | 25.76% | 20 |
| 2 | 中国石油化工集团有限公司 | 63198060 | 72954597 | 44271 | 22.10% | 20 |
| 3 | 中国海洋石油集团有限公司 | 42717002 | 28203313 | 5775 | 32.73% | 20 |
| 4 | 中国中信集团有限公司 | 41643274 | 7297375 | 37396 | 15.04% | 16 |
| 5 | 国家电网有限公司 | 22560987 | 3904771 | 7530 | 3.22% | 18 |
| 6 | 中国远洋海运集团有限公司 | 18974237 | 6702707 | 6716 | 18.93% | 6 |
| 7 | 中国中化集团有限公司 | 16976491 | 26284343 | 5815 | 36.94% | 20 |
| 8 | 中国铝业集团有限公司 | 16841766 | 1938433 | 1489 | 13.62% | 19 |

续表

| 综合排名 | 企业名称 | 平均海外资产 / 亿元 | 平均海外营收 / 亿元 | 平均海外员工人数 | 平均跨国指数 | 上榜次数 |
|---|---|---|---|---|---|---|
| 9 | 中国五矿集团有限公司 | 15308170 | 8898288 | 12028 | 18.85% | 20 |
| 10 | 中国交通建设集团有限公司 | 15196644 | 9282839 | 17603 | 16.07% | 16 |
| 11 | 广州越秀集团股份有限公司 | 14827438 | 258411 | 1663 | 15.55% | 7 |
| 12 | 中国移动通信集团有限公司 | 13909021 | 2101538 | 6382 | 4.62% | 20 |
| 13 | 华为投资控股有限公司 | 12024161 | 13688701 | 19055 | 22.77% | 19 |
| 14 | 中国建筑股份有限公司 | 11853251 | 6333288 | 18510 | 8.01% | 20 |
| 15 | 浙江吉利控股集团有限公司 | 11849026 | 13812422 | 28838 | 53.47% | 20 |
| 16 | 中国化工集团有限公司 | 11755185 | 8260955 | 21308 | 22.87% | 14 |
| 17 | 中国电力建设集团有限公司 | 9953589 | 7735513 | 75582 | 26.54% | 10 |
| 18 | 中国兵器工业集团有限公司 | 9597592 | 15114646 | 9576 | 23.42% | 20 |
| 19 | 中国广核集团有限公司 | 7359803 | 1302792 | 1429 | 13.57% | 20 |
| 20 | 中国航空工业集团有限公司 | 7350368 | 3411815 | 16866 | 7.36% | 13 |

注：此榜单基于自2011年有统计数据以来的中国500强海外营收、资产和员工数量数据，并剔除上榜次数少于5次的企业。

从近十年企业海外资产规模数据来看，能源化工、交通等领域的企业在获取原材料与资源、开拓业务范围等需求的驱动下，持续扩大海外资产规模，不断提升企业国际化经营水平。

如中石油，平均海外资产规模达到了 9073 万亿元，平均跨国指数达到 25.76%。伴随中国不断加速的经济增长和工业化进程，国内石油消费需求持续增长，中石油开始考虑以全球资源为基础寻求新的发展，并于 1991 年提出了“国际化经营”战略，经过二十余年的实践探索和不懈努力，在海外形成涵盖上、中、下游的完整油气产业链和工程服务业务链，实现了海外投资业务从无到有、从小到大、从弱到强的跨越式发展；完成了俄罗斯、中东、非洲、美洲和亚太这海外五大油气合作区的布局，构筑了横跨我国西北、东北、西南和海上这四大战略油气运输通道，并形成了侧重油气贸易业务的亚洲、欧洲和美洲三大运营中心。

在此基础上，中石油抓住机遇，不断深化与国际知名能源企业的战略合作，并全方位参与重要国际能源对话、综合性重点国际会议和展览、国际行业学会组织的各类国际合作与交流活动，持续提升中石油在国际高端交流平台的影响力和话语权，进一步提升国际化经营水平。

### 3. 资产负债率最低

财务报表中的“资产负债是骨架，利润是肌肉，现金流是血液”充分说明了企业资产负债的重要性，没有骨架，肌肉和血液就没有了存身之所。

对于想要长寿的企业，需要权衡好规模、速度与质量的平衡。虽然快速做大的“馅饼”格外诱人，但是一不小心便会跌入战略冒进的“陷阱”。一般来说，企业扩张超出能力范围的时候，往往会出现资金链高度紧张、内部管理系统混乱、业务严重脆弱的状况。在这个状态下，只要外部环境稍有变化，就会出现“多米诺骨牌效应”，企业将不堪一击。

所以企业想要活得长、活得久，需要重点关注资产负债率指标。

基于自 2004 年有统计数据以来的中国 500 强资产及负债数据，并剔除上榜次数少于 5 次的企业，我们筛选出了资产负债率最低的 20 家企业。河北新武安钢铁集团文安钢铁有限公司、辽宁嘉晨控股集团有限公司（**简称嘉晨集团**）和山东金岭集团有限公司位列前三名。

例如排名第二位的嘉晨集团，从 1988 年成立小工厂，到发展为拥有 18 家全资子公司和 3 家参股公司的大型实体企业集团。嘉晨集团通过对上述企业涉及业务领域的合理布局，形成了一条完整的冶金、炼化产业链条，从而实现了库存低、周转快、占用流动资金少、回款及时的良好效果，并减少诸多采购和销售环节，大幅减少市场交易成本，因而公司负债率能稳定保持在较低水平，极低的负债率也是集团的一大突出竞争优势。

近年来，国有企业降杠杆是宏观经济去杠杆的重中之重。根据 2018 年 9 月印发的《关于加强国有企业资产负债约束的指导意见》，到 2020 年年末，国有企业平均资产负债率要比 2017 年年末降低两个百分点左右。而中央企业的去杠杆目标则是到 2020 年年末平均资产负债率要比 2016 年年末降低两个百分点。

结合这一环境特点，我们进一步梳理了企业的资产负债率降幅数据，排出了资产负债率平均降幅最高的 20 家企业，如表 1-7 所示。

表 1-7 资产负债率平均降幅最高的 20 家

| 排名 | 企业名称 | 资产负债率平均降幅 | 上榜次数 |
|---|---|---|---|
| 1 | 雪松控股集团有限公司 | 13.06% | 5 |
| 2 | 江苏华宏实业集团有限公司 | 9.50% | 5 |
| 3 | 中国航天科技集团有限公司 | 7.49% | 7 |
| 4 | 物美科技集团有限公司 | 5.90% | 14 |
| 5 | 中国邮政集团有限公司 | 4.70% | 15 |
| 6 | 山东汇丰石化集团有限公司 | 4.67% | 6 |
| 7 | 超威电源集团有限公司 | 4.21% | 9 |
| 8 | 泸州老窖集团有限责任公司 | 4.01% | 7 |
| 9 | 广西柳州钢铁集团有限公司 | 3.59% | 15 |
| 10 | 卓尔控股有限公司 | 3.12% | 8 |
| 11 | 泰康保险集团股份有限公司 | 3.06% | 17 |
| 12 | 深圳海王集团股份有限公司 | 2.80% | 5 |
| 13 | 中国医药集团有限公司 | 2.59% | 19 |
| 14 | 广州工业投资控股集团有限公司 | 2.45% | 11 |
| 15 | 长城汽车股份有限公司 | 2.37% | 15 |
| 16 | 中天科技集团有限公司 | 2.33% | 5 |
| 17 | 重庆市能源投资集团有限公司 | 2.18% | 13 |
| 18 | 中国旅游集团有限公司 | 2.07% | 11 |
| 19 | 河南能源化工集团有限公司 | 1.93% | 13 |

注：此榜单基于自 2004 年有统计数据以来的中国 500 强资产及负债数据，并剔除上榜次数少于 5 次的企业。

可以看到，国有企业降杠杆举措已取得了一些显著的效果。一方面，企业逐渐清理出售一些不良资产或项目，从而降低负债率、提升资产质量；另一方面，企业近年来积极推出混改项目，借助民间资本的进入，有效降低负债水平。

## 四

## 四个指标看“新”的突破

中国500强要想成为世界级企业需要怎么做？世界级企业是站在企业生态链顶端的企业，顶端把握的是行业规则、知识产权和技术标准等层面的东西。

科技创新不仅是发展问题，还是生存问题。科技的本质是专利；产品的关键是标准。卡住了专利，就是卡住了“脖子”！竞争对手要在原有技术的基础上继续研发，就是侵犯专利。把基础专利占住，就等于设了一道关口，想过去必须留下高价“买路钱”，或者干脆不让过，专利不转让。破解这种知识产权战略的办法一是自主研发，二是在该专利周围研发，形成技术网络壁垒。如果双方主张知识产权权力，不分胜负，则最终妥协和解，可能交换专利授权，或形成技术联盟和专利联盟，于是后来者就更难超越和生存。创新是为了进步，更是为了生存，否则就无法自立于世界企业之林。

中国500强要成为世界一流企业，必须关注创新，加强创新投入，重视创新产出，尤其要学会利用创新产出成果，打造企业的独门秘籍，巩固企业的头部地位。下面，我们从投入和产出两个角度，按研发投入、研发强度、拥有专利和制定标准这四项指标来分析500强在创新方面的总体情况和头部企业的创新情况。

### 1. 研发投入和研发强度总体情况

许多经验证明，不断增加创新研发经费和人员的投入，是促进技术进步、实现创新驱动、推动高质量发展的必然要求。我国已深入实施创新驱动发展战略，持续加大全社会研发投入，给科技创新注入了强大的“推进剂”。我国研发投入高增长的背后，是企业投入主体地位的稳固。

近年来，中国 500 强研发投入规模保持稳步增长。2005 年中国 500 强研发费用合计约 1042 亿元，2021 年这一数字已达到 13066 亿元规模，增长超过 11 倍，如图 1–14 所示。

根据自 2005 年有统计以来的中国 500 强研发投入与营业收入数据，中国 500 强平均研发投入强度（**研发投入占某组织或地区当期生产总值的比例**）虽然在过去的 17 年间总体保持增长趋势，但是从数值来看，企业研发投入强度并不算高，平均维持在 1.15%。

然而个体企业之间，研发投入强度却有着天壤之别。华为 17 年来平均研发强度为 12.37%，是 500 强同期平均研发强度的近 11 倍；航天科工平均研发强度为 11.15%，是 500 强平均研发强度的近 9.7 倍；中兴通讯股份有限公司（**简称中兴通讯**）平均研发强度为 10.92%，是 500 强平均研发强度的 9.5 倍。

选取 2010 年、2015 年和 2020 年三个时间节点来观察，研发投入强度最高的企业分别是航天科工、华为和百度，研发投入强度分别为 12.68%、14.17% 和 23.49%，如图 1–15 所示。

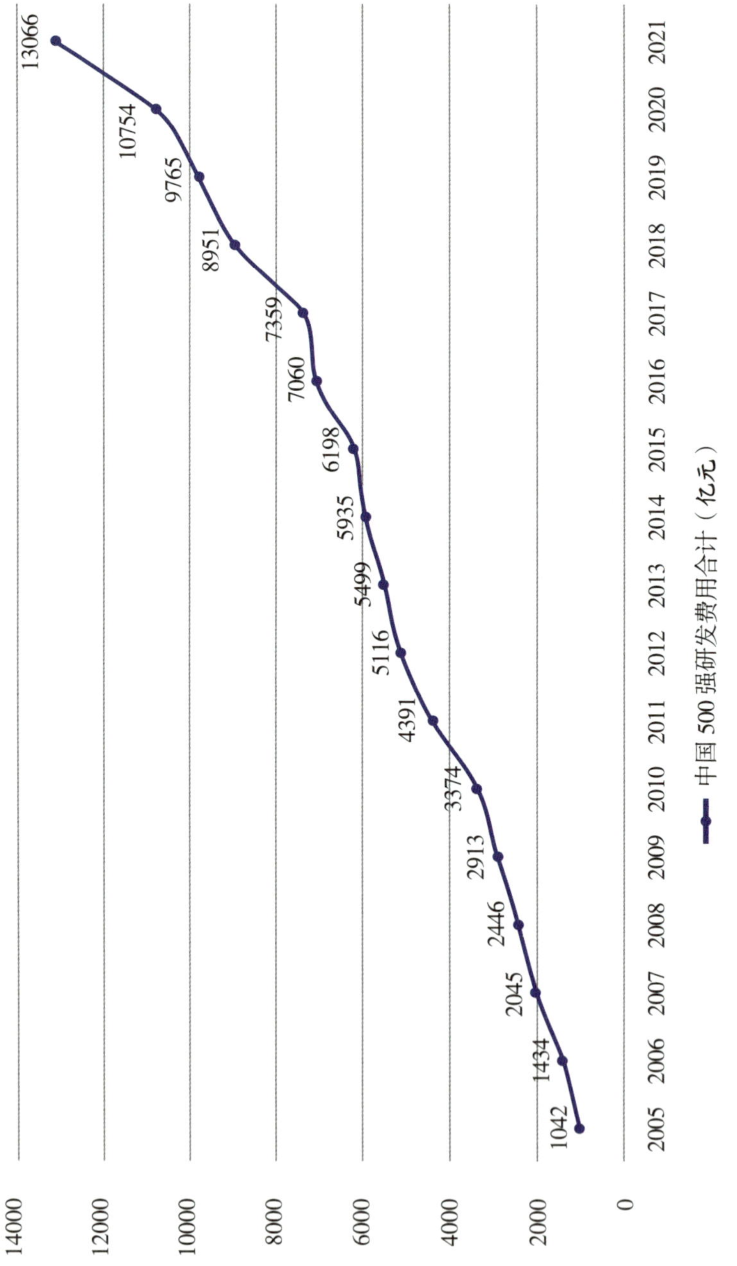


图1–14　中国500强研发费用变化趋势

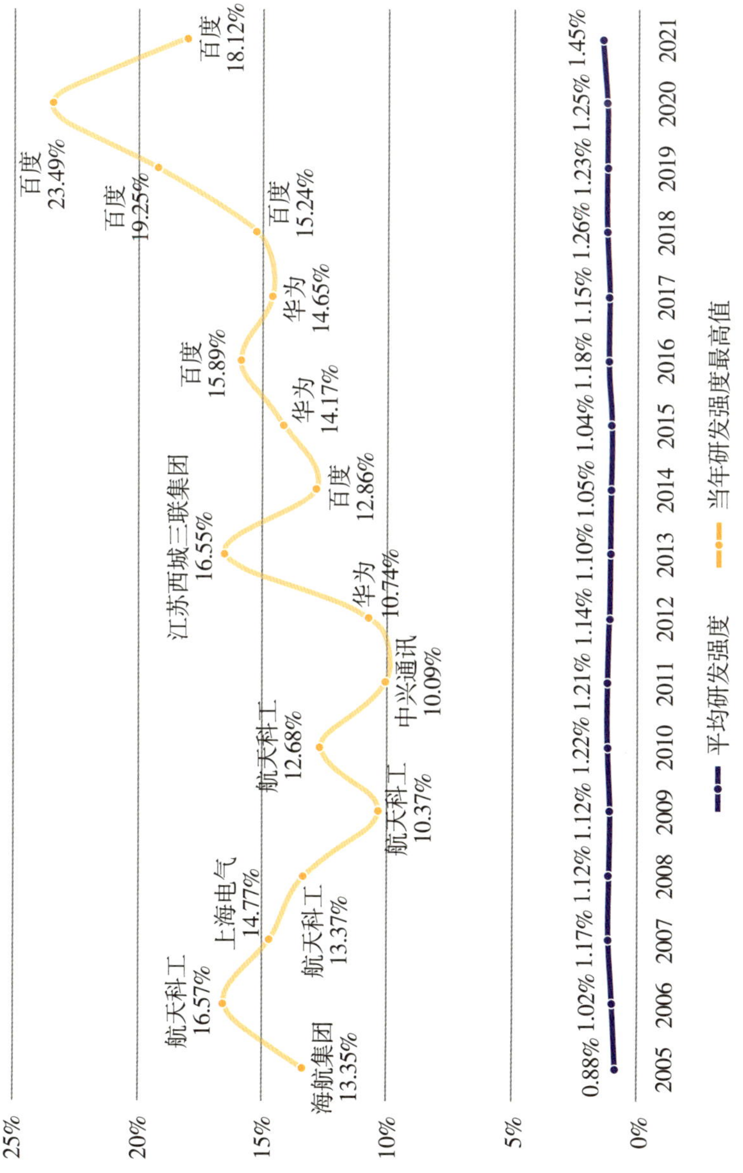


**图 1-15 中国 500 强平均研发强度及研发强度最高的企业**

可以看到以上三家企业坚持强化研发投入均在企业规模与企业抗风险能力方面获得了良好回报，虽然它们的营收规模与十五年前相比已经有了大幅增长，但是这些领先企业对于研发投入的热情依旧，研发投入强度与自身相比都保持稳步提升。

### 2. 研发投入最多

2005年，中国500强中研发经费投入最多的是中国航空工业第一集团，研发费用为56.74亿元，在当年500强总研发费用中占比约5.44%；2021年，研发费用投入第一的500强是华为投资控股有限公司，研发费用达到1418.93亿元，在当年500强总研发费用中的占比达10.86%。可以说，在研发投入水平方面中国500强群体强者愈强。

基于自2005年有统计以来的中国500强研发投入数据，并剔除上榜次数少于5次的企业，我们整理出企业平均研发投入最多的企业。例如华为、中石油、航天工业和航天科工等。

华为年平均研发投入达到467亿元，高居榜首。创新是华为的灵魂，长期持续高水平的创新投入是华为的一大显著特征。华为始终坚守《华为基本法》的规定，每年以不低于销售额10%的投入用于研发，不间断地研发新产品和新技术，近10年累计研发投入超过7200亿元。2020年，华为研发投入达1316.59亿元，超过百度、腾讯、京东2020年研发投入的总和，较上年进一步增加，占销售收入的15%。2021年，华为研发投入进一步增加至1418.93亿元。

持续的投入获得了丰厚的回报，在前所未有的外部挑战下，华为2020年营收和盈利双双实现正增长，表现出极强的韧性。华为轮值董事长表示，除了积极采取措施让整个供应多元化外，华为多年来坚持技术创新投入也是实现业绩增长的重要原因。

### 3. 研发强度最高

基于 2005—2021 年中国 500 强研发投入强度数据，剔除上榜次数少于 5 次的企业，我们整理出平均研发强度最高的企业。

除了大家熟知的航天科工集团、华为、中兴、中航工业等高科技企业和百度、腾讯等互联网企业以外，传统制造行业也涌现出众多重视研发投入的企业。例如，海尔集团通过持续加码创新研发，从传统家电制造企业转型为智能家电全套解决方案提供商。

自 2005 年以来，海尔集团研发投入强度占比基本保持在 4%～6% 左右。通过持续、稳定的研发投入，海尔集团逐渐形成了“技术、专利、标准”联动模式，以用户为中心，以技术创新为驱动，以专利为机制，以标准为基础和纽带，打造了开放的产业创新生态圈，实现了技术创新从跟跑到并跑乃至领跑的根本性跨越。

### 4. 拥有专利和制定标准总体情况

如果说工业经济时代开始于“跑马圈地”的话，那么，知识经济时代就开始于“跑马圈知”了。专利、著作权、商标、专有权、标准等所有有价值的知识资源都正在成为新经济的先知先觉者们“争圈”的对象。

仅有研发投入，没有有效产出当然不行。聚焦中国 500 强，我们通过企业拥有专利和参与标准数量等指标，分析企业的创新产出水平。

经过多年来对企业成长的关注与追踪，我们曾将其总结为一句话：三流企业卖劳力，二流企业卖产品，一流企业卖技术、卖服务，超一流企业卖规则、卖标准。中国 500 强基本上已经跨过了卖劳力的三流企业阶段和卖产品的二流企业阶段，接近或者已经进入卖技术、卖服务的一流企业阶段，少部分企业正在向卖规则、卖标准的超一流企业前进。

真正有竞争力的是超一流企业，世界级领先企业就是超一流企业。与前三种企业最大的不同是，它不仅以顾客，还以竞争对手或整个行业布局为战略导向。通常人们一提起市场就会想到顾客，其实市场的主体有多个，除顾客之外，还有竞争对手、协作厂商、替代品厂商、新进入者，在我国更包括工商、税务、环保及政府主管部门等对企业影响巨大的组织。这些市场主体是在一定的规则、专利布局和技术标准之下参与竞争的。

专利、标准和规则用来约束怎么做事，约束哪些人做事，更重要的是约束竞争对手的做事方式。超一流企业正是通过对专利、规则和标准的控制和垄断，取得优势地位并获取超额利润，这属于“知识垄断商”层次的企业，是企业家孜孜以求的梦想。

在过去的 20 年间，中国大企业持续不断地创新投入，换来的是专利、标准等科技创新成果如雨后春笋般增长。

自有统计以来，2006 年中国 500 强拥有专利数量约 6 万件，2021 年这一数字已增至 145 万件，跃升了两个数量级；而 2013 年中国 500 强参与制定标准数量约 2.81 万项，2021 年已达到 6.90 万项，如图 1-16 所示。

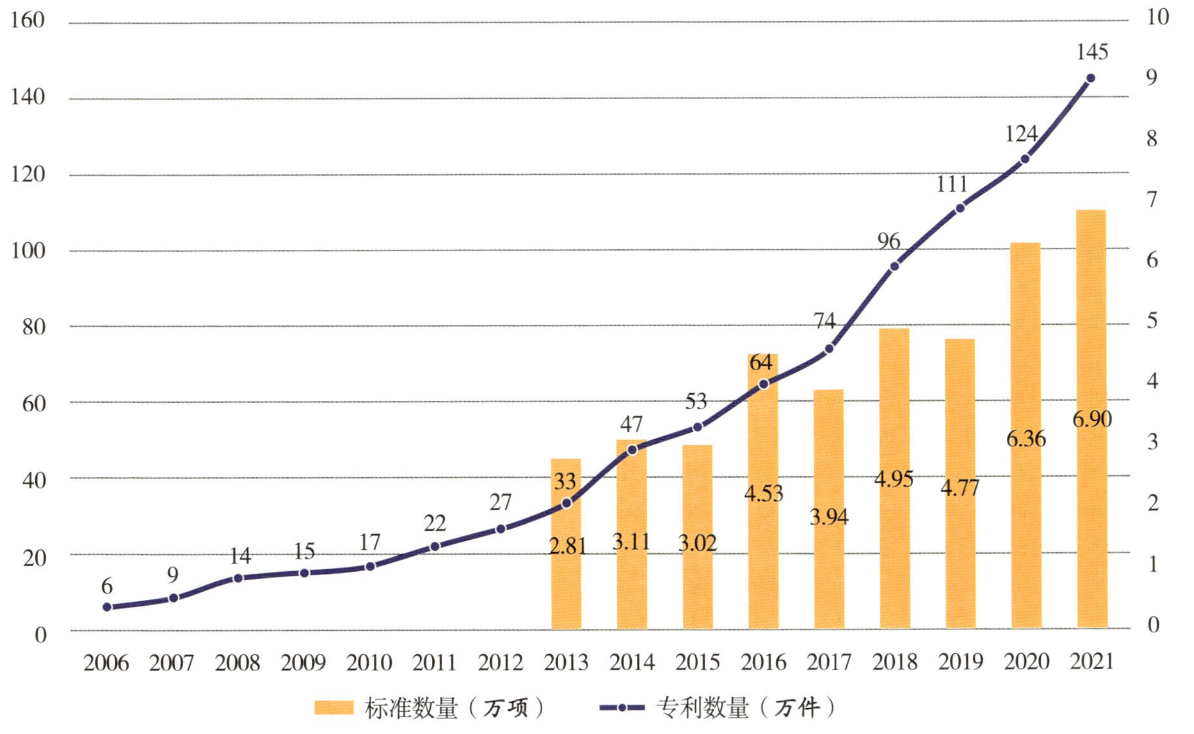


图 1-16　中国 500 强拥有专利与标准数量变化趋势

在全球范围内，中国企业的科研产出同样不可小觑，参与国际标准制定和申请国际专利的数量在不断创造新纪录。中国国家知识产权局发布的数据显示，2019年，中国通过世界知识产权组织《专利合作条约》（PCT）途径提交5.899万件专利申请，超过美国的5.784万件，跃升至全球第一位。2020年，中国依然是PCT体系的最大用户，全年共申请6.87万件，同比增长16%。

### 5. 拥有专利最多

基于自2006年有统计以来的中国500强发明专利数据，并剔除上榜次数少于5次的企业，我们整理出企业平均拥有专利数量最多和创造发明专利数量最多的20家企业，如表1–8和表1–9所示。

从企业所属行业来看，我国企业在移动通信、电子信息技术、化工、汽车企业等领域成长迅速，如华为投资控股有限公司、中兴通讯、中石化、中石油、上海汽车集团股份有限公司等企业的专利数据不断增加。汽车制造领域通过大力投入研发，可以在短期内实现创新产出，而要想在高端制造领域有所突破，必须在轴承、齿轮、减速器、传动装置等核心技术上进行长期攻关。所以我们看到，在光学、发动机等高端装备领域，并没有500强能够进入专利数量排行的前20名，一部分原因是尚缺乏长期的积淀。

表 1-8　平均拥有专利数量最多的 20 家企业

| 排名 | 企业名称 | 平均拥有专利数量 | 上榜次数 |
|---|---|---|---|
| 1 | 国家电网有限公司 | 34880 | 18 |
| 2 | 华为投资控股有限公司 | 25532 | 19 |
| 3 | 中国石油化工集团有限公司 | 20276 | 20 |
| 4 | 海尔集团公司 | 19308 | 20 |
| 5 | 美的集团股份有限公司 | 18603 | 19 |
| 6 | 中国石油天然气集团有限公司 | 16656 | 20 |
| 7 | 中国宝武钢铁集团有限公司 | 14293 | 5 |
| 8 | 中兴通讯股份有限公司 | 13044 | 18 |
| 9 | 中国中车集团有限公司 | 12710 | 6 |
| 10 | 珠海格力电器股份有限公司 | 11796 | 14 |
| 11 | 中国航空工业集团有限公司 | 11434 | 13 |
| 12 | 中国航天科工集团有限公司 | 10512 | 18 |
| 13 | TCL 集团股份有限公司 | 9553 | 18 |
| 14 | 中国五矿集团有限公司 | 9077 | 20 |
| 15 | 中国建筑股份有限公司 | 8085 | 20 |
| 16 | 海信集团有限公司 | 7780 | 20 |
| 17 | 中国电力建设集团有限公司 | 7757 | 10 |
| 18 | 上海汽车集团股份有限公司 | 7280 | 20 |
| 19 | 中国机械工业集团有限公司 | 6596 | 20 |
| 20 | 比亚迪股份有限公司 | 6576 | 14 |

注：此榜单基于自 2006 年有统计数据以来的中国 500 强专利数据，并剔除上榜次数少于 5 次的企业。

表1-9 平均创造发明专利数量最多的20家企业

| 排名 | 企业名称 | 平均发明专利数量 | 上榜次数 |
| --- | --- | --- | --- |
| 1 | 华为投资控股有限公司 | 16147 | 19 |
| 2 | 中国华电集团有限公司 | 14569 | 17 |
| 3 | 中国石油化工集团有限公司 | 14033 | 20 |
| 4 | 中兴通讯股份有限公司 | 11351 | 18 |
| 5 | 海尔集团公司 | 9242 | 20 |
| 6 | 国家电网有限公司 | 8791 | 18 |
| 7 | 中国航天科工集团有限公司 | 5797 | 18 |
| 8 | 中国航空工业集团有限公司 | 5029 | 13 |
| 9 | 中国中车集团有限公司 | 4854 | 6 |
| 10 | 中国石油天然气集团有限公司 | 4801 | 20 |
| 11 | TCL集团股份有限公司 | 4429 | 18 |
| 12 | 中国移动通信集团有限公司 | 4197 | 20 |
| 13 | 中国兵器工业集团有限公司 | 3322 | 20 |
| 14 | 美的集团股份有限公司 | 3267 | 19 |
| 15 | 中国化工集团有限公司 | 3243 | 14 |
| 16 | 中国宝武钢铁集团有限公司 | 2857 | 5 |
| 17 | 比亚迪股份有限公司 | 2645 | 14 |
| 18 | 中国五矿集团有限公司 | 2644 | 20 |
| 19 | 海信集团有限公司 | 2464 | 20 |
| 20 | 鞍钢集团有限公司 | 2432 | 11 |

注：此榜单基于自2006年有统计数据以来的中国500强专利数据，并剔除上榜次数少于5次的企业。

专利是企业掌控市场、参与竞争的战略武器，而大力发展高端装备则是促进传统制造业转型升级的不二选择，因此在高端装备领域进行专利布局对于振兴我国实体经济具有至关重要的作用。

从企业性质来看，国有企业和民营企业各占半壁江山。其中既有国家电网、中石化、中石油、中国宝武钢铁集团有限公司等企业在科技创新领域发挥引领作用，持续提升创新能力，不断创造新的专利技术，也有华为投资控股有限公司、海尔集团公司等企业积极创新，以广泛的专利布局构筑企业竞争壁垒。

国家知识产权局公布的数据显示，在过去 10 年中，华为投资控股有限公司、中兴通讯、中石化、国家电网等企业成为每年发明专利授权量全国“三甲”的常客。随着榜单的更新，不断有新的企业加入其中，如 OPPO、京东等。登上过排行榜榜首的企业涵盖了不同类型，呈现出多强相竞、并驾齐驱的态势。

2006 年拥有专利数量最多的中国 500 强是华为，拥有专利数量达到 1.1 万件，2020 年，国家电网以拥有专利数量 9.07 万件取代了华为第一的位置，当年华为拥有专利数量 8.5 万件，居第二位。2021 年，华为以 10 万件再次成为中国 500 强中拥有专利数量最多的企业，如图 1-17 所示。

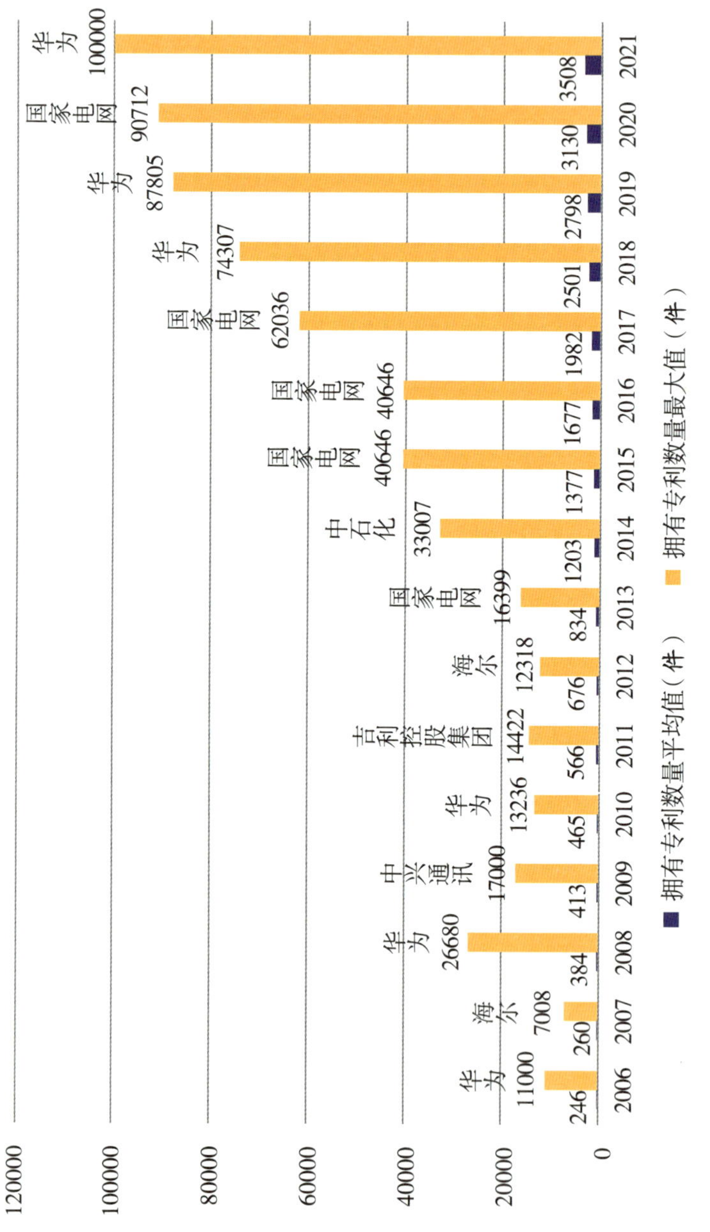


图1-17 中国500强平均拥有专利数量及拥有专利数量最多的企业

同时，可以看到 2006—2021 年，中国 500 强拥有专利数量的集中度是明显降低的。2006 年排名第一位的华为拥有专利数量在中国 500 强拥有专利总量中的占比高达 18.33%；2020 年，排名第一位的国家电网拥有专利数量在中国 500 强拥有专利总量中的占比已降至 7.31%；2021 年，排名第一位的华为拥有专利数量在中国 500 强拥有专利总量中的占比进一步下降至 6.90%。说明有越来越多的中国 500 强意识到科技创新与专利技术对企业经营和发展的重要作用并积极开展专利技术布局。

### 6. 制定标准最多

基于自 2013 年有统计以来的中国 500 强标准数据，并剔除上榜次数少于 5 次的企业，我们整理出企业平均标准数量最多的 20 家企业，包括中国机械工业集团有限公司、中兴通讯、国家电网、中石化和中国兵器工业集团有限公司（**简称中国兵器工业集团**）等企业，如表 1–10 所示。

可以看到，国机集团和中兴通讯以年均 6627 项标准和年均 3433 项标准位列第一、第二，并远超第三名，成为我国“标准制定者”的第一梯队。

国机集团作为我国装备制造行业的领军企业，多年来充分发挥牵头和引领作用，凭借在机械工业领域的技术优势和强大的科研能力，持续加强行业核心技术的研发，积极参与行业标准的制定与宣贯，不断强化在行业的引领作用，有力推动机械行业发展进步。

**表1-10 平均标准数量最多的20家企业**

| 排名 | 企业名称 | 平均标准数量 | 上榜次数 |
|---|---|---|---|
| 1 | 中国机械工业集团有限公司 | 6627 | 20 |
| 2 | 中兴通讯股份有限公司 | 3433 | 18 |
| 3 | 国家电网有限公司 | 1482 | 18 |
| 4 | 中国石油化工集团有限公司 | 1247 | 20 |
| 5 | 中国航天科工集团有限公司 | 1170 | 18 |
| 6 | 中国兵器工业集团有限公司 | 1127 | 20 |
| 7 | 中国能源建设集团有限公司 | 929 | 10 |
| 8 | 中国中车集团有限公司 | 923 | 6 |
| 9 | 中国建材集团有限公司 | 865 | 20 |
| 10 | 中国五矿集团有限公司 | 857 | 20 |
| 11 | 中国联合网络通信集团有限公司 | 778 | 13 |
| 12 | 中国通用技术（集团）控股有限责任公司 | 740 | 20 |
| 13 | 中国广核集团有限公司 | 701 | 20 |
| 14 | 中国移动通信集团有限公司 | 685 | 20 |
| 15 | 中国铝业集团有限公司 | 664 | 19 |
| 16 | 中国航空工业集团有限公司 | 641 | 13 |
| 17 | 中国电信集团有限公司 | 615 | 20 |
| 18 | 中国中化集团有限公司 | 578 | 20 |
| 19 | 中国化工集团有限公司 | 541 | 14 |
| 20 | 中国铁路工程集团有限公司 | 536 | 20 |

注：此榜单基于自2013年有统计数据以来的中国500强研发投入数据，并剔除上榜次数少于5次的企业。

中兴通讯始终坚持将知识产权作为企业发展的核心战略之一并建立了完善的知识产权管理体系，摸索出一条符合自身特点的知识产权发展策略，知识产权业务模块覆盖知识产权资产储备、运营、风控等多个核心业务方向。众多的行业标准和持续的专利布局成为公司技术创新的坚强后盾，确保中兴通讯实现持续性的创新收益以及国内与国际市场的竞争优势。

## 五

## 三个原因看“活”的底线

长寿的企业是为生存而管理，不仅是为利润而管理。它们思考的是底线，即不做什么，这么做会影响企业安全吗？底线经营原则考虑的是什么事情不应该去做，而不是有利润就做；不是“非要怎么样”的目标，而是“不得不怎么样”的使命；不是“赚钱是硬道理”，而是“活着是硬道理”。

虽然长寿企业的理念看起来很低调，但是符合企业成长的客观规律。根据市场经济的优胜劣汰竞争原理以及已被国内外企业证明的基本规律来讲，每个行业都会有几个或十几个比较大的企业占据寡占甚至垄断地位，其他企业不是被淘汰掉，就是成为大公司的附庸和缝隙企业。

### 1. 500强榜单中消失的企业

企业经营如逆水行舟，不进则退。总体来看，中国500强20年来在不断趋于稳定，换榜率呈现阶段性波动下降趋势，如图1-18所示。

以2010年为转折点，之前的中国企业处于高速成长阶段，500强榜单的换榜率基本在15%以上。2010年以后，中国500强经营规模有了一定基础，企业的经营稳定性和抗风险能力有所提升，换榜率总体维持在10%左右。

2021年，中国500强11%左右的换榜率虽然与2003年的22%相比有了较大幅度的下降，但相对于2021年美国500强的7.8%依然不低。这意味着中国大企业依然面临着激烈的竞争，想要守住位置且持续上榜并非易事，但同时也说明中国企业依然保持着不错的活力，未入榜企业的冲劲很足，又由于众多中等规模同行业企业的存在，通过合并重组、兼并收购迅速做大企业的机会也很大。

自2002年中国企业联合会首次发布中国500强榜单以来，共有1408家企业进入过榜单。2002—2010年连续进入中国500强榜单的有155家，2002—2020年连续保持上榜的有87家。2021年，连续20年保持上榜的企业有85家。（**1995年至今，世界500强中27年连续上榜的企业有164家，可见世界级大公司的地位相对稳固**）。

20年大浪淘沙，只有6%的企业在500强榜单中保持了20年的活力。如果每年依然有10%左右的换榜率，那么再过10年、20年还会有多少家企业依然留在500强行列呢？人生七十古来稀，500强三十古来稀，即使号称“稳健长寿”的日本企业，从1896年到1995年的百强企业名单中也只剩下了一家依然活跃。

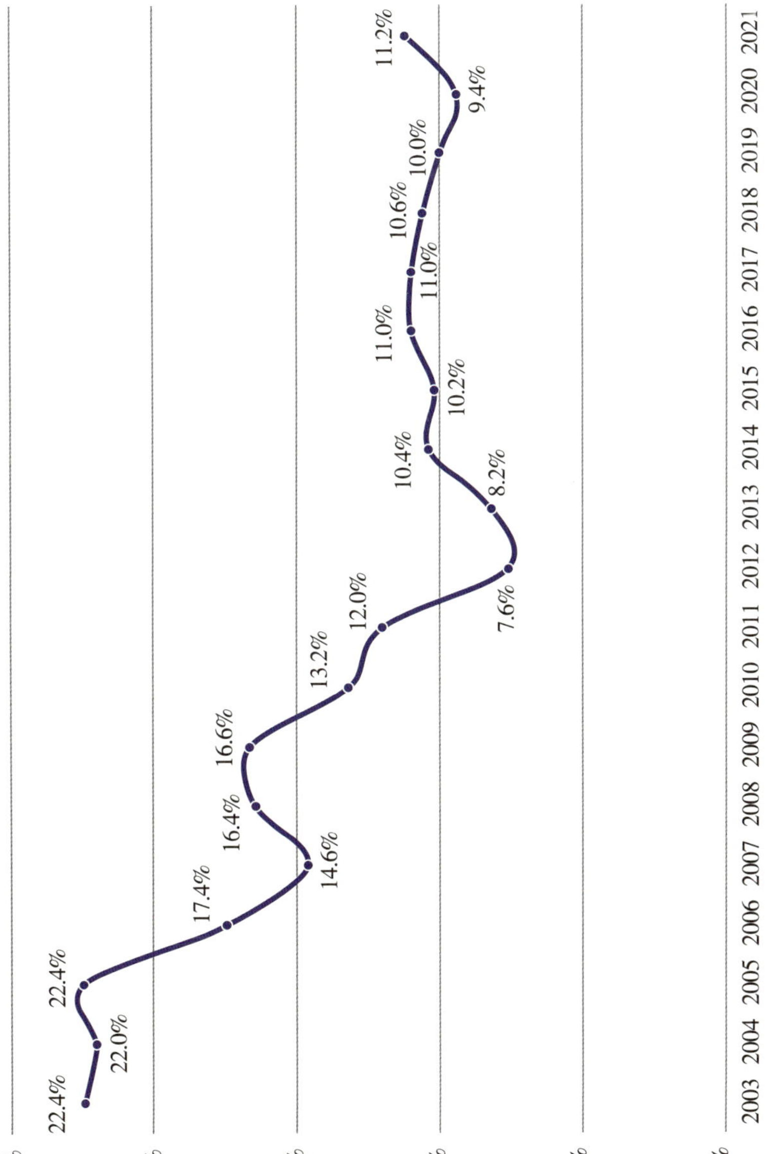


图 1-18　2003—2021 年中国 500 强换榜率

因此，如何保证企业不低于总体平均成长水平的发展速度，如何保持企业的持续稳健经营，是每一个企业所肩负的重要而艰巨的任务之一。有关基业长青的理论研究成果很多，措施办法也不少。比如要有洞察时代的领导力，要有超越利润的追求，要有消除惰怠的企业文化，要有直面危机的生命力，要有为未来投资的技术创新力等，但是，企业是有寿命的，青春永驻的要素永远凑不齐，满盘皆输的危机随时会出现。所以说，做企业要“战战兢兢，如履薄冰”。

### 2. 落伍或消亡的三个原因

企业从榜单中消失的情况主要有五种：一是落伍，二是合并重组，三是破产，四是上榜规则变化，五是未再申报。20 年来从榜单中消失的企业共有 904 家，按不同情况消失的企业数量是：落伍 637 家，合并重组 129 家，破产 79 家，40 家烟草企业由于规则改变不再列入榜单，19 家铁路局合并为中国国家铁路集团后未再申报。

因合并重组而消失一般不是问题，这是企业追求成长的一种积极举措，问题是落伍或破产。凡是结果，皆有三个以上的原因。分析这些落伍企业和破产消亡企业的历程，我们发现有三大主要原因：管理能力滞后、金融杠杆过高和违法违规行为。

**第一是管理能力滞后。**

从国内外企业发展历程来看，企业在规模较小的“创业阶段”，基本是机会导向的“野蛮生长”，经营的中心在客户、在销售，一切工作围绕市场转，企业主要是靠机会和领导等非管理因素牵引和推动的。

但是 500 强都是具有相当规模的大企业，要想保持持续、稳定和不低于平均企业总体成长水平的发展速度（15.61%），也就是在高速的“成长阶段”，就必须在市场机会和领导“给力”的基础上，靠企业战略和组织活力，也就是要靠高效的“管理系统”，靠整合人、财、物、技术等各种要素的管理能力。

当然，对于那些发展到“成熟阶段”的 500 强，管理能力的提升和事业重构的成败尤为重要。“成熟阶段”的企业原有市场机会减少、增长率下降，需要寻找新的市场机会和事业领域，重新激发组织活力，处理好新旧事业之间、新老员工和新老干部之间的关系。跳不出“官僚陷阱”和“成熟陷阱”的企业就很可能进入“衰退阶段”，逐渐从 500 强中掉队。

我们从曾经在中国 500 强名单中上榜，但近几年彻底退出的大企业名单中，看到了很多这样的企业。例如曾问鼎全球机床行业，打破日、德技术垄断成为世界第一的沈阳机床，由于一般机械制造业市场低迷和自身的经营能力等诸多因素，沈阳机床开始走下坡路，连续多年陷入亏损泥潭。例如伴随一代人成长的“豆奶大王”维维集团曾一度占据着国内 80% 的豆奶市场份额，但企业盲目走向多元化扩张，先后进入房地产、白酒、煤炭、矿业、医药、金融等领域，几乎都以失败告终，跨界的副业没有为企业带来新的增长，反而进一步拖累了自身品牌的发展。

**第二是金融杠杆过高。**

改革开放带来的经验是：不能激进、不能冒进。但近年来，中国部分企业的激进和冒进苗头明显。仅 2020 年，我国就有 21 家企业“爆雷”违约，其中包括北大方正、紫光、永煤集团、中信建投等知名企业。

激进、冒进主要表现在金融杠杆过高，导致现金流断流或资金链断裂。资金，特别是现金是企业的“血液”和“生命线”，如果过度依赖金融杠杆，那么一旦出现问题，市场信用下降，再融资就会出现困难，造成资金链断裂甚至资不抵债、破产清算。

我国大型民营航空公司海航集团是曾经的资本运作明星企业，在做大航空运输主业的同时，大力发展酒店、旅游和金融业务，在这“一主两翼”的战略指引下，海航在十多年间以多领域、高频率的并购活动推动集团规模迅速扩大，复杂到了“让人看不懂”的七大业务板块。而海航频繁的并购扩张依靠的是杠杆化融资途径——不断通过抵押资金或股权质押等募得资金。然而快速和多元扩张的同时，资金链紧绷的问题随之而来，海航的发展过程中经历了多次资金短缺的风险，资产负债率一度高达96.33%，2004—2017年平均资产负债率达到了83.95%。而海航总能通过撬动资本杠杆“死里逃生”，如图1-19所示。

事实上，面对纷繁复杂的资本运作，业内对海航集团资金链一直保持警惕，海航融资困难的传闻早已流传市场。受此影响，多家银行、信托等融资机构开始收紧与海航的合作，导致海航的流动性问题更加明显，最终导致债务违约“爆雷”，尽管后来海航通过转让、出售大量资产和子公司等断臂求生手段，拼命弥补巨大的资金缺口，但是依然积重难返，最终走上了破产重整之路。

很明显，金融杠杆过高和业务板块过多、管理能力滞后问题的叠加，使企业长期处于“走钢丝”的风险状态，一遇风吹草动和舆情，就触发和加速了企业的消亡。

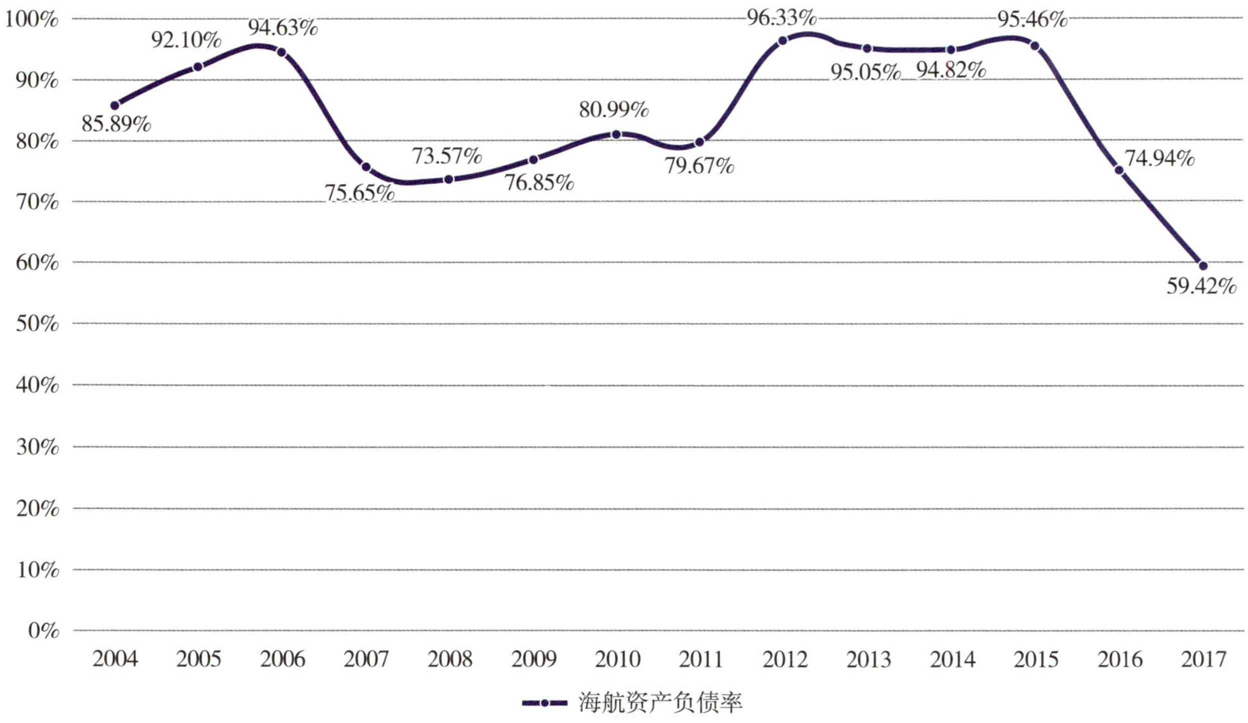


图 1-19 2004—2017 年海航资产负债率变化趋势

**第三是违法违规行为。**

所谓“君子爱财，取之有道”，企业追求利润天经地义，但必须建立在守法和诚信的基础上。如果连法律法规底线都不遵守，眼里只有利润，知其不可为而为之，即使一时尝到甜头，最终也会搬起石头砸了自己的脚。

典型企业便是曾从2002年开始连续多年进入500强榜单的河北三鹿集团。从一家乳业合作社起步，三鹿集团逐渐扩大规模，并通过同行业收购与联合，率先组建起企业集团。20世纪末到21世纪初，三鹿集团始终是中国乳业的“领头羊”，也是国产奶粉的标杆，是国家免检产品。2008年1月，三鹿集团的配方奶粉研究项目荣获了2007年度国家科学技术进步奖，又在6月成为中国航天乳饮料的唯一生产企业。

2008年“三聚氰胺”事件发生后，三鹿集团被勒令全面停产，集团董事长田文华被免职、刑事拘留，后被依法判处无期徒刑；随后三鹿集团正式进入破产程序，被北京三元收购。60年辉煌历史，于1年化为乌有；昔日的品质保证，落得人人喊打。三鹿集团的违规违法，不仅让公司灰飞烟灭，更让中国奶粉行业跌入信任谷底，国产奶粉失去了长达10年的市场。

再强调一遍，企业这三条“活”的底线可以比喻为：第一，构建承载企业生命的“骨架”——无生命的管理体系底线；第二，保证维持企业生命的“血液”——足够的现金流和毛利底线；第三，确保决定企业生命的“一口气”——政治法律安全底线。

## 小结

从“量”“质”“力”“新”“活”五个视角透视中国 500 强 20 年发展。“量”的崛起显而易见；“质”的水平不断提升；“力”的增强持续显现；“新”的突破引领发展；“活”的纲领依旧是企业生存的底线。

# 第二节
# Section 2
# 再造全球竞争格局

## 一 中、美企业两强竞争

国家间的经济竞争实质上是企业间的市场竞争，而国际竞争也突出表现为各大企业在全球市场上的角力。进入 21 世纪，伴随着中国全球经济地位的崛起，中国大企业也在全球范围内实现了历史性的崛起，在数量和规模上均实现了爆发式的增长，改变了全球企业的竞争格局。世界 500 强榜单的变化，就是 20 年中国大企业历史性崛起的一个缩影。

2002 年，入围世界 500 强的中国大陆企业数量仅为 11 家，2017 年首次超过 100 家，达到 105 家；2020 年入围的中国企业数量已经达到 133 家，历史上第一次超过美国。该榜单中，没有任何一个别的国家或地区企业数量能像中国企业一样如此迅速地增长，如图 1-20 所示。

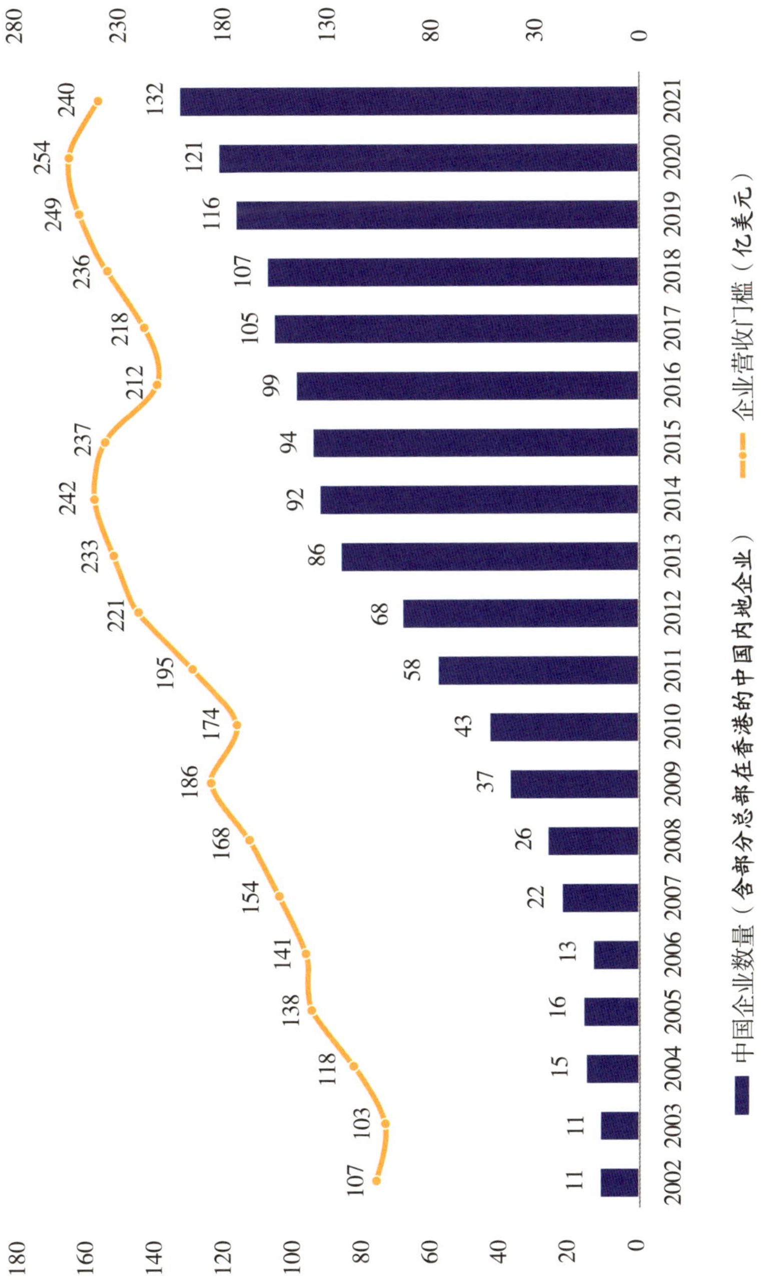


图 1-20　2002—2021 年入围世界 500 强中国企业
（含部分总部在香港的中国内地企业）数量及企业营收门槛

而2021年世界500强上榜企业营收门槛为年营收达到240亿美元，与2002年相比，增长超过1倍。其中，中国上榜企业的累计营收达到9.37万亿美元，占世界500强营收总额的29.56%。

从世界500强上榜企业分布来看，在上榜企业地区日趋多元的大趋势下，世界企业的竞争格局，已经从美、日、欧三强争雄，转变为中、美两强竞争。20年时间，中国大企业已经从全球舞台的边缘走向中央。

2001年世界500强榜单中，美国和日本两强争雄。中国（**含部分总部在香港的中国内地企业**）仅有11家企业入围世界500强，占比2.2%，在世界企业版图中仅居一隅之地。而当时，上榜的美国企业有184家，日本企业103家，法、德、英以及其他欧盟主要国家企业合计156家，三者在世界500强中合计占比高达88.6%，基本构成了美、日、欧三分天下的世界企业竞争格局，如图1–21所示。

2013年，中国（**含部分总部在香港的中国内地企业**）入围世界500强数量首次超过日本的62家，达到86家，与美国的132家相比虽还有较大差距，但和2010年中国GDP一样几乎同步成为世界第二。法、德、英以及其他欧盟主要国家企业合计137家。

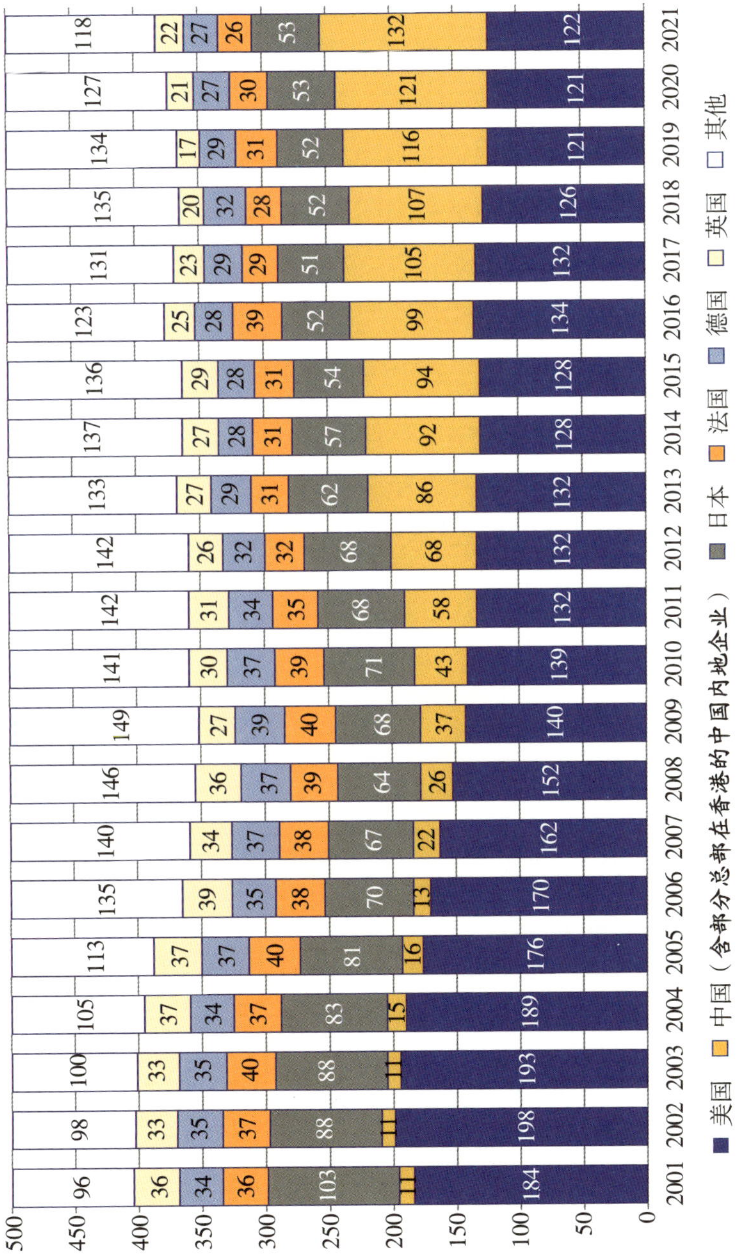


图 1-21 主要国家世界 500 强数量变化

时间来到2021年，中、美企业竞争格局已经形成。中国入围世界500强数量在2020年以133家对121家超过美国后，继续前进，超过美国的122家，达到143家，再造了全球企业竞争的格局。同时更为重要的是，围绕中、美两国企业，随着区域经济一体化进程的加快，以中国为核心的东盟国家企业和以美国为核心的美洲国家企业间的竞争格局愈发凸显。而欧洲尽管有欧盟这一泛区域性经济合作组织存在，也拥有为数众多的世界500强，但是主导力量的缺乏使它们已难以形成合力，尤其是没有世界级互联网企业的崛起，因此开始扮演陪跑者的角色。如图1-22所示。

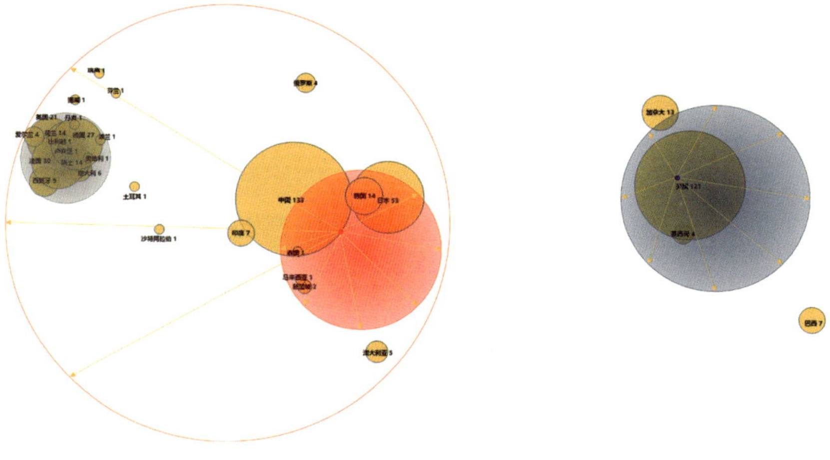


**图1-22　基于世界500强数量分布的中国企业空间战略图**

未来，中国大企业面对全新的国际形势，可能需要调整全球战略布局。我们建议，是否由平衡地推进全球一体化进程，转变为聚焦地开拓区域一体化，以粤港澳大湾区为桥头堡，在“一带一路”倡议基础上，通过区域全面经济伙伴关系协定（RCEP），着力加强与东盟、东亚国家的企业战略合作，并兼顾与欧亚非大陆国家及企业的深度合作，强化大企业间的产业链、供应链和价值链的协同化和生态化、安全化建设，全面支持以国内大循环为主体、国内国际双循环相互促进的新发展格局。

## 二 54 个行业中的中国企业地位

过去 20 年，中国经济走向世界舞台的中心，由世界贸易组织与世界银行联合全球多个经济组织发布的《2019 年全球价值链发展报告》显示，21 世纪以来，中国在全球价值链中的影响力日趋提升。2000 年，中国在全球供应链中的影响力尚不及日本，但 2017 年的数据显示，中国已经取代日本，成为全球供应链的一大中心，当前全球已经形成了以中国、美国、德国为中心的全球供应链体系，中国企业在其中扮演了重要角色。

中国企业在全球范围内的崛起，不仅在数量和规模上实现了爆发式的增长，还在诸多行业领域中改变了全球产业格局。从世界 500 强榜单来看，54 个行业领域中已有 33 个行业出现了中国企业的身影，同时，一些优秀的中国企业已在激烈的市场竞争中突出重围，登上行业第一宝座。

### 1. 33 个行业，中国企业榜上有名

从 2021 年世界 500 强榜单来看，上榜中国企业行业覆盖率达到 61.11%，54 个行业中，中国企业覆盖了其中的 33 个行业领域，分布最多的 3 大行业领域分别是金属产品（16 家），工程建筑（10 家）和银行商业储蓄（10 家），之后为采矿、原油生产（9 家），贸易（9 家），

能源（**8 家**），车辆与零部件（**8 家**）和房地产（**8 家**）这 5 个行业领域。其余的是人寿与健康保险（**股份**），航天与防务，电子、电气设备，多元化金融，化学品，计算机、办公设备，互联网服务和零售，制药，电信，公用设施，工业机械，建材、玻璃，人寿与健康保险（**互助**），财产与意外保险（**股份**），炼油，专业零售，船务，邮件、包裹及货物包装运输，纺织，食品消费产品，食品生产，网络、通信设备，半导体、电子元件，批发保健以及运输物流这 25 个行业领域。

同期，美国上榜企业数量虽然已落后于中国，但是其行业分布更加广泛，行业覆盖率达到 79.63%，即在世界 500 强所处的 54 个行业中，美国上榜企业涉及了 43 个，其中有 19 个行业领域尚没有中国企业入榜。具体来看，美国上榜企业分布数量最多的 3 大行业领域分别为银行商业储蓄（**9 家**），制药（**8 家**）和财产与意外保险（**股份**）（**7 家**）。其他 40 个行业领域中，超过半数行业（**22 个**）都仅有 1～2 家企业入榜，虽然各行业领域上榜企业数量较少，但是在 43 个行业中，有 25 个行业美国企业做到了世界第一。

### 2. 15 个行业，中国企业一马当先

在世界 500 强分行业榜单中，2021 年有 15 家中国企业在所属行业中排名第一，包括国家电网、中石油、中国建筑集团（**简称中建集团**）、中国平安、工商银行、华为、中国五矿集团（**简称五矿集团**）、恒力集团、中国华润、中国邮政集团（**简称中国邮政**）、中国兵器工业集团、中国建材集团、中国远洋海运集团和浙江省交通投资集团等。如表 1-11 所示。

**表 1-11 2021 年世界 500 强分行业榜单中排名第一的典型中国企业**

| 企业名称 | 所属行业 | 营收 / 百万美元 | 所属行业排名 | 世界 500 强排名 |
|---|---|---|---|---|
| 国家电网 | 公用设施 | 386617.7 | 1 | 2 |
| 中国石油天然气集团 | 炼油 | 283957.6 | 1 | 4 |
| 中国建筑集团 | 工程与建筑 | 234425.0 | 1 | 13 |
| 中国平安保险 | 人寿与健康保险（股份） | 191509.4 | 1 | 16 |
| 中国工商银行 | 银行：商业储蓄 | 182794.4 | 1 | 20 |
| 华为投资控股 | 网络、通信设备 | 129183.5 | 1 | 44 |
| 中国五矿集团 | 金属产品 | 102014.8 | 1 | 65 |
| 恒力集团 | 纺织 | 100773.1 | 1 | 67 |
| 中国华润 | 制药 | 99437.6 | 1 | 69 |
| 中国邮政集团 | 邮件、包裹及货物包装运输 | 96304.1 | 1 | 74 |
| 中国兵器工业集团 | 航天与防务 | 71017.5 | 1 | 127 |
| 中国建材集团 | 建材、玻璃 | 57115.3 | 1 | 177 |
| 中国远洋海运集团 | 船务 | 47998.3 | 1 | 231 |
| 浙江省交通投资集团 | 运输及物流 | 28168.2 | 1 | 433 |

在上述企业所处的十五个行业领域中，中国企业优势明显的是公用设施、炼油、工程与建筑、人寿与健康保险、银行、网络和通信设备、金属产品、纺织、房地产、运输及物流等十个领域。

其中，在公用设施领域，中国企业的优势最为明显，行业排名第一位的国家电网在 2021 年营业收入达到 3866 亿美元，是排名第二位的中国南方电网有限责任公司的 837 亿美元营收的近 4.62 倍，第三位法国电力公司和第四位意大利国家电力公司分别以 789 亿美元和 740 亿美元，与中国南方电网有限责任公司组成了行业的第二梯队，如图 1–23 所示。

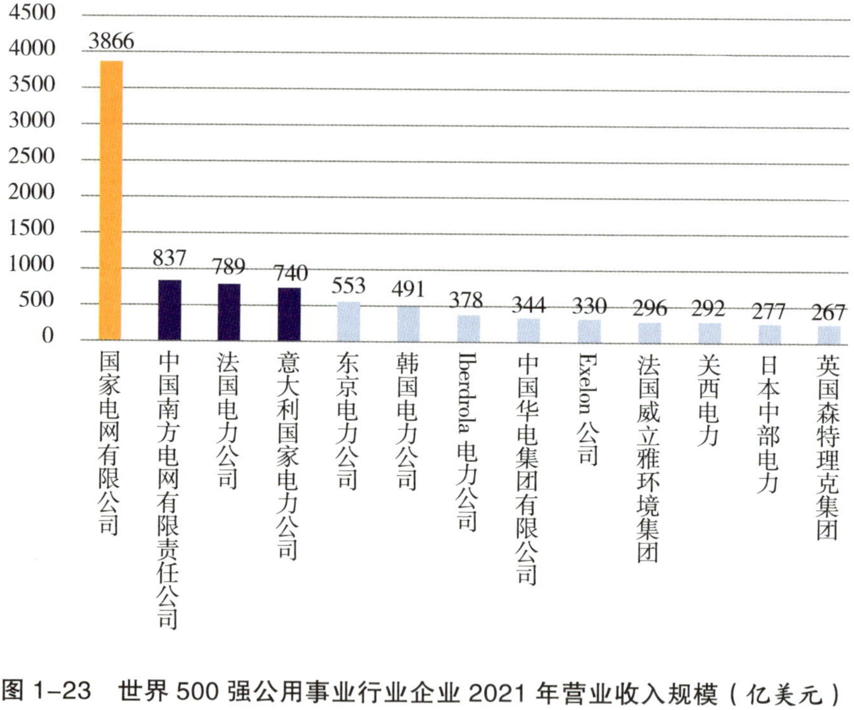


**图 1–23 世界 500 强公用事业行业企业 2021 年营业收入规模（亿美元）**

在炼油领域，虽然 2020 年石油价格暴跌和需求下滑导致各大石油公司营收明显下降，但是中国企业的优势地位依然稳固。中石油与中石化继续占据世界 500 强分行业排名的前两位。其中，中石油以 2839.58 亿美元的营收小幅超出中石化的 2837.28 亿美元，跃升至第一名。中石油、中石化的营收与第三位英国石油相比，分别超出了 1004 亿美元和 1002 亿美元。

在金融领域，银行业方面，工商银行、建设银行、农业银行和中国银行分别以 1828 亿美元、1720 亿美元、1539 亿美元和 1340 亿美元营收包揽前四位；人寿与健康保险方面，中国平安保险（**集团**）股份有限公司（**简称中国平安**）与中国人寿分别以 1915 亿美元和 1446 亿美元的营收名列第一和第二，分别超出第三位安联保险 553 亿美元和 84 亿美元。

在网络、通信设备领域，华为以 1292 亿美元的营收稳居行业第一，是第二位思科公司营收的 2.6 倍，是第三位爱立信营收的 5.1 倍。

在金属产品领域，行业前三位均被中国企业包揽。五矿集团营业收入达到 1020 亿美元，取代 1002 亿美元营收的正威国际，成为 2021 年的行业第一。宝武集团以 976 亿美元位列第三名。其后，安赛乐米塔尔和中国铝业集团分别以 532 亿美元和 531 亿美元位列第四名和第五名。

特别值得一提的是，在细分的钢铁领域，宝钢与武钢自 2016 年合并为宝武集团以来，进一步重组马钢、太钢、重庆钢铁等地方钢铁企业，2021 年在营收规模与粗钢产量方面均明显超过了长期位居钢铁行业榜首的安赛乐米塔尔，成为近年来国有企业合并重组的典范。

在工程与建筑领域，除中建集团稳居第一外，中铁工程、中国铁建、中国交建、中国电建和太平洋建设这 5 家企业继续包揽 2021 年世界 500 强工程与建筑领域排名的 2～6 位。

在房地产领域，中国企业唱独角戏。2021 年世界 500 强中上榜的 8 家企业均为中国企业。与 2020 年相比，新增融创、龙湖和华润置地三家企业。

在纺织领域，世界500强中仅有的两家企业均是中国企业，分别为恒力集团和山东魏桥。

同样，在运输及物流领域，世界500强中仅有一家企业上榜，是浙江省交通投资集团。

而在制药，邮件、包裹及货物包装运输，航天与防务，建材玻璃和船务这5个领域，中国企业虽然已经成为世界第一，但是优势仍需巩固。

在制药领域，尽管华润集团2021年以994亿美元暂居该领域世界500强排名第一，但是与第二位强生公司的825亿美元并未拉开明显差距，并且华润集团作为一家具有多元化业务的集团公司，其营收中的很大一部分也不是源自医药板块，所以在这一领域仍需要加强。如国药集团这类专注于医药行业的中国大企业奋勇争先，从而带动了中国医药行业的整体发展。

在邮件、包裹及货物包装运输领域，中国邮政行业排名第一的宝座受到多方挑战。2021年，中国邮政营收963亿美元，与其后2～4位的美国联合包裹速递服务公司、德国邮政敦豪集团和美国邮政均未拉开明显差距。这3家公司2021年营收分别为846亿美元、761亿美元和731亿美元。

在航天与防务领域，令人欣喜的是中国兵器工业集团与中国航空工业集团分别由2020年行业第四名和第五名，跃升至2021年行业第一名和第二名。2021年，中国兵器工业集团与中国航空工业集团营收分别为710亿美元和669亿美元，与第三名洛克希德·马丁的654亿美元尚未拉开明显差距，优势地位仍需巩固。

在建材、玻璃领域，世界500强中共有5家企业，其中的中国企业分别是排名第一的中国建材和排名第三的安徽海螺，其他 3 家欧洲企业分别是法国圣戈班集团、爱尔兰 CRH 公司和瑞士霍尔希姆集团。两家中国企业营收合计 950 亿美元，略少于三家欧洲企业营收合计的 957 亿美元。

在船务领域，世界 500 强中共有 4 家企业，分别为中远海运、中国船舶集团、马士基和法国达飞，2021 年这 4 家企业营收分别为 480 亿美元、468 亿美元、397 亿美元和 314 亿美元。尽管并未拉开明显差距，但作为 2016 年才由中国远洋运输（**集团**）总公司与中国海运（**集团**）总公司合并重组而成的中远海运，通过快速的组织管理与业务经营融合优化，2017 年航运主业实现扭亏为盈，2018 年稳步增长，2019 年超过马士基成为船务行业全球第一，并在 2020 年进一步扩大领先优势，从 2019 年相差 14 亿美元扩大至 2021 年的 83 亿美元。2019 年实施联合重组后，中国船舶集团于 2021 年重新进入世界 500 强行列，并一举拿下行业第二名，企业重组后的资源配置效率和竞争力明显提升。

### 3. 18 个行业，中国企业策马扬鞭

虽然世界 500 强中，中国企业从总量上已经超过美国成为世界第一，但是从对各个行业的控制力和影响力来看，美国企业的优势依旧明显。

对 2021 年的世界 500 强上榜企业进行详细梳理，可以看到在 54 个行业领域中，中国企业在 15 个行业领域排名第一，如图 1–24 所示。另有 18 个行业领域有中国企业上榜。而有高达 25 个行业领域中美国企业排名第一，包括有中国企业上榜的 18 个行业领域中的 9 个，如图 1–25 所示。

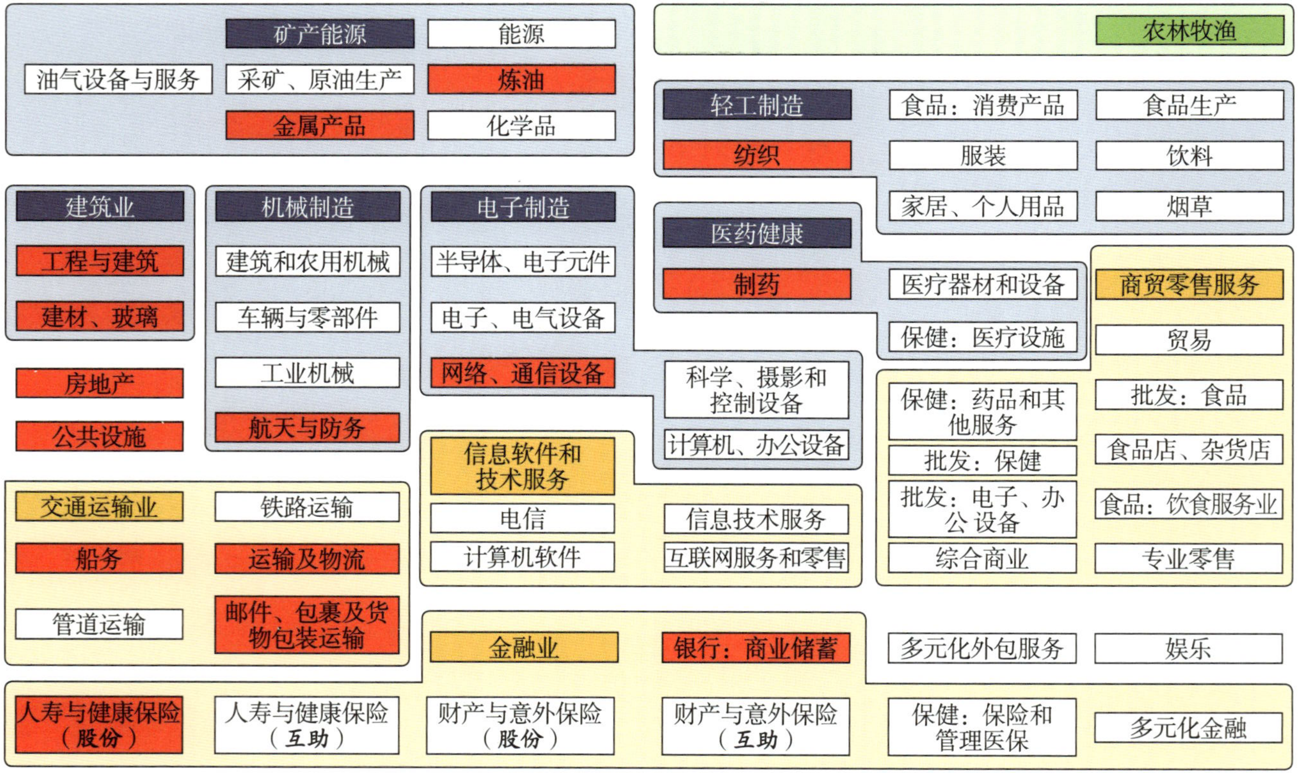


图 1–24　2021 年世界 500 强中中国企业排名第一的行业领域

注：绿色为第一产业；蓝色为第二产业；黄色为第三产业；红色为中国企业在世界 500 强中分领域排名第一的行业；白色为中国企业没有在世界 500 强中分领域排名第一的行业。

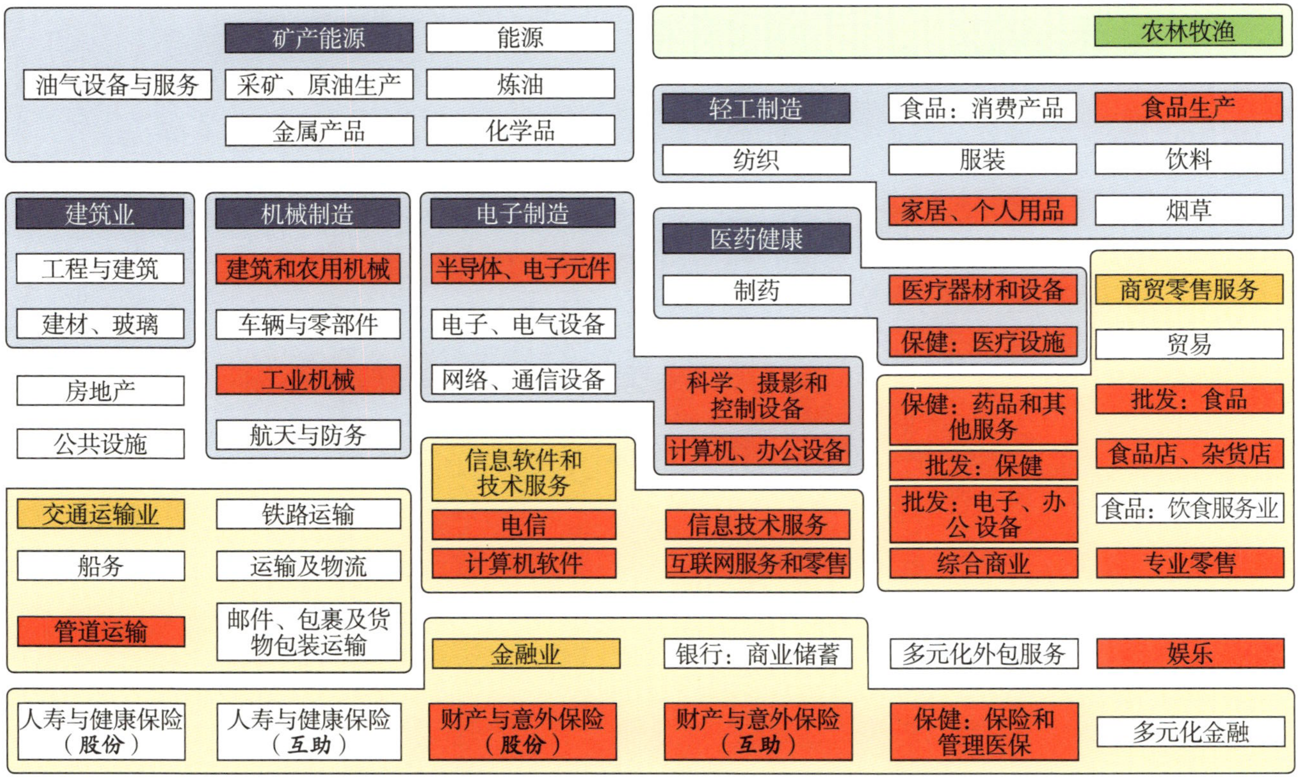


图 1-25　2021 年世界 500 强中美国企业排名第一的行业领域

注：绿色为第一产业；蓝色为第二产业；黄色为第三产业；红色为美国企业在世界 500 强中分领域排名第一的行业；白色为美国企业没有在世界 500 强中分领域排名第一的行业。

具体来看，目前有中国企业上榜但未达到世界第一的行业领域包括：矿产能源领域的化学品，能源，以及采矿、原油生产；电子制造领域的计算机、办公设备，半导体、电子元件，以及电子、电气设备；金融领域的多元化金融，人寿与健康保险（**互助**），以及财产与意外保险（**股份**）；轻工制造领域的食品消费产品和食品生产；机械制造领域的车辆与零部件和工业机械；商贸零售服务领域的专业零售，贸易，以及批发保健；信息软件和技术服务领域的电信和互联网服务与零售。在这些行业中，中国企业亟待建立起竞争优势。

当前，中国企业具有优势的行业领域仍以工业、制造业为主，而其中技术附加值较高的制药行业以及涉及服务业的邮件包裹及货物包装运输行业和船务行业，中国企业的优势不明显。

从产业链的角度来看，中国企业在建筑领域优势较为突出，在相关工程建筑、建材玻璃、房地产等上下游联系密切的行业领域均占据了世界第一的位置。但与之相反，如电子制造领域，尽管有华为这样优秀的中国企业在网络和通信设备行业站稳了世界第一的位置，但上下游如半导体和电子元件、科学摄影和控制设备、计算机和办公设备等行业均由美国企业占据世界第一的位置，使华为在国际竞争中面对的风险和挑战愈发突出。

美国企业的优势行业主要集中在服务业和少数如半导体和电子元件、科学摄影和控制设备、医疗器材和设备、计算机和办公设备等具备较高技术含量与产品附加值的工业、制造业领域。

且美国企业的产业链条较为完善。在电子制造与信息软件、技术服务两大领域，美国企业分别占据了半导体和电子元件、科学摄影和控制设备，以及计算机和办公设备的行业第一，而在此基础上进一步向信息软件和技术服务领域延伸，占据了电信、信息技术服务、计算机软件以及互联网服务和零售等主要行业的第一。

另一个典型产业链条是医药健康、商贸零售服务及金融三大领域。在医药健康领域，美国企业占据了医疗器材和设备、保健医疗设施两个行业的第一，并向商贸零售服务延伸，占据了保健药品和其他服务、批发保健两个行业的第一，在此基础上进一步延伸至金融领域，占据了保健保险和管理医保行业的第一。

在这些美国企业具有明显优势的行业和产业链领域，中国企业的追赶步伐仍需加大。

在电子制造领域，目前世界 500 强中尚没有一个中国大陆的半导体和电子元件企业；没有一个中国的科学摄影和控制设备企业。在计算机和办公设备行业，尽管有联想集团、广达电脑公司、仁宝电脑和纬创集团四家中国企业上榜，但四家企业 2021 年营收合计仅为 1621 亿美元，还不及排名第一的苹果公司 2745 亿美元营收的 60%。

而在电子制造延伸的信息软件和技术服务领域，电信行业中营收第一的中国企业是中国移动，2021 年营收为 1118 亿美元，仅排在 500 强同行业的第五位，与排名第一位的美国电话电报公司相差 599 亿美元；信息技术服务行业和计算机软件行业均无中国企业上榜；京东、腾讯等中国互联网巨头与世界 500 强互联网服务和零售行业中排名第一位的亚马逊和第二位的 Alphabet 公司亦存在较大差距。

### 4. 21个行业，中国企业望尘莫及

在看到世界500强中有15个行业领域由中国企业占据第一位置，18个行业已有中国企业身影的同时，那些尚没有中国企业涉及的世界500强行业领域也十分值得关注，这些行业领域亟待产生中国的领军企业去参与全球的产业竞争与合作。

具体来看，2021年世界500强榜单中有21个行业领域没有中国企业上榜，这21个行业领域基本可以分为4个大类：第一类是泛批发零售业，包括饮料，食品店和杂货店，综合商业，家居、个人用品，批发食品，以及食品饮料服务业6个行业领域；第二类是泛计算机与信息技术业，包括计算机软件，信息技术服务，以及批发电子、办公设备3个行业领域；第三类是泛医疗保健业，包括医疗器材和设备，保健医疗设施，保健药品和其他服务，以及保健保险和管理医保4个行业领域；第四类是泛文化产业，包括娱乐和服装2个行业领域。其余6个行业领域包括财产与意外保险（互助），管道运输，铁路运输，烟草，建筑和农业机械，以及科学摄影和控制设备。

泛批发零售大类的6个行业领域中，企业数量较多的行业包括食品店和杂货店（18家），综合商业（3家），家居、个人用品（3家）和批发食品（6家），对应的世界500强行业第一企业分别为：全球最大的零售药店和药品批发企业沃博联，长期位居世界500强第一位的跨国零售企业沃尔玛，跨国消费日用品供应商宝洁公司和餐饮供应链服务商西斯科。尽管近年来我国批发零售行业不断发展壮大，特别是借助互联网行业发展的“东风”，涌现出了如京东集团

等互联网服务和零售巨头，但在传统线下批发零售领域仍亟待行业领军企业出现。

泛计算机与信息技术大类的 3 个行业领域中，企业数量较多的是计算机软件（3 家）和信息技术服务（4 家）行业，且相应的 7 家企业地位十分稳固。近年来，世界 500 强中计算机软件行业领域的 3 家企业分别为，长期处于第一位的微软公司，第二位的甲骨文公司和第三位的 SAP 公司；信息技术服务行业的 4 家企业分别是长期居于第一位的国际商业机器公司（IBM），第二位的埃森哲、第三位的富士通和第四位的日本电气公司。工信部《2020 年中国软件和信息技术服务业综合发展指数报告》数据显示，当前我国软件和信息技术服务业年收入已达到 7.2 万亿元，2016 至 2019 年年均增长率达到 14.3%，利润水平近 3 年来均在 11% 以上。特别是在云计算市场中，以华为云为代表的中国产品占据了全球市场份额排名的前 3 位。未来，面对国内市场需求的持续增长与应对国际竞争的必然需要，相信在这一大行业领域一定会诞生世界级的中国企业，而不是仅仅作为一家科技巨头的分支业务。

在泛医疗保健领域，2021 年世界 500 强中，中国有 3 家制药企业进入榜单，分别为华润、中国医药集团和广药集团，但华润仅将医药作为集团业务中的 1 个板块，并不完全聚焦于医疗领域。而在其他泛医疗保健领域，无 1 家中国企业上榜。根据《中国医疗器械行业蓝皮书（2020）》数据显示，2019 年我国医疗器械行业市场规模已超过 6000 亿元，而随着我国医疗器械行业的技术革新及产业链成熟，加之新型冠状病毒肺炎疫情对我国医疗器械行业的巨大推动作用，未来市场容量还会不断扩大，但目前国内医疗企业仍以中小型企业为主，业务领域也主要集中在低价值医用耗材等低附加值器械领域，在高端器械方面则主要依赖进口，并由外资品牌所主导。随着近年来我国新一轮医药卫生体制改革的不断深入，中国企业有动力，也有责任在这一行业领域汇聚资源力量，打造旗舰企业，实现对高端产品和服务的国产化替代。

泛文化产业领域包括娱乐（**含传媒**）行业和服装行业，长期以来均未有中国企业出现，目前世界500强细分行业第一，分别是娱乐行业的全球知名文化娱乐品牌迪士尼，即华特迪士尼公司；服装行业的国际著名奢侈品品牌DIOR，即迪奥公司。近年来伴随着文化自信的不断提升，我国文化产业不断发展壮大，从对传统文化IP的挖掘，到国潮品牌的复兴，中国文化产业迎来了空前的发展机遇，无论是在商业层面形成中国的国际文化品牌，还是在文化层面进一步讲好中国故事，推进中国文化的国际传播，都急需领军型企业在其中发挥重要作用。

其余细分行业领域中，如铁路运输行业与烟草行业，中国领军企业从规模来看早已经是世界级企业，但是出于各方面考虑并未参与世界500强的申报。在管道运输行业，随着整合中石油、中石化、中国海油管网业务，建立中国国家石油天然气管网集团有限公司，中国企业在管道运输行业的竞争力大幅增强，将对这一行业领域的世界500强格局形成有力冲击。

纵观世界500强54个行业领域，没有中国企业涉足的就是“机会”，中国企业还需努力的就是“任务”，中国企业领先的就是“自信”，要努力走在持续成长的道路上。

# 三

## 开始引领全球模式创新

### 1. 数字技术革命发展机遇

回顾过去 20 年，世界科技发展一直处于快速进步之中，一系列重大技术突破纷至沓来。除了耳熟能详的物联网、云计算、大数据、3D 打印技术等基于信息通信技术深化发展起来的数字技术创新之外，基因、仿生、生物医药、生物工程等新生物技术，光伏、氢能、核聚变等新能源技术，石墨烯、生物材料等新材料技术也不断取得突破。但从当前技术影响范围、渗透深度，以及对全球社会和经济生活的改变程度来看，信息与数字技术无疑是这一轮技术革命的“主角”。

在这场技术革命中，中国企业，特别是互联网科技企业快速崛起，它们从完全模仿国外互联网企业的经营模式，到学习借鉴、进行本土化改良，直至今日在很多领域实现了引领全球的技术突破和商业模式创新，迅速成长壮大为中国 500 强，乃至世界 500 强。

21 世纪的前 10 年是中国互联网科技企业迅速发展壮大的 10 年。但彼时中国互联网企业的开局并不顺利，2000 年，虽然中国互联网未来的巨头腾讯、百度等公司相继成立，搜狐、新浪和网易等门户网站相继在美国上市，但是大洋彼岸，美国的“互联网泡沫”破灭，对全球互联网企业的发展都造成了严重的打击。而随着 2001 年，中国加入 WTO 后，外资经营互联网业务的限制被解除，更有大批的美国互联网巨头如谷歌、eBay、雅虎、亚马逊等企业通过合资、并购等方式抢占中国市场。

商业模式上，彼时国内互联网企业主要是模仿，几乎每个行业都能找到对应的“老师”，最明显的是门户网站，甚至早期连条幅广告的尺寸大小都完全一致。

经营实力上，国内企业绝大多数还是尚未盈利的“新手”，而“老师”们要么如雅虎已经完成国际化征途，要么如微软那样，多年经营，树大根深。

人才储备上，当时顶级高校毕业生很少有愿意进国内互联网企业的，都希望进入外资企业，微软在学校招生中收到的毕业生简历堆积如山。

更重要的是，经营环境方面，国内互联网公司并没有政策扶持、资金补贴，行业也没有中资必须至少占51%股份的硬性规定，外资可以在国内互联网市场上任意驰骋。

在这场力量悬殊的博弈中，看起来胜券在握的国际互联网巨头却并未成功。中国互联网企业通过本土化改良能力、快速市场响应能力、线上线下结合能力与生态建设能力，在快速崛起的同时，也奠定了之后10年中国互联网行业的总体竞争格局。

### 2. 中国企业商业模式创新

21世纪的第二个十年是中国互联网企业摆脱对国际互联网巨头的追随模仿，实现突破创新，引领全球商业模式创新浪潮的十年。

2010年前后，伴随着移动互联网技术的普及，中国互联网行业实现了第二次跃迁，美团、今日头条、小米、快手、B站等均借助着移动互联网的热潮登上历史舞台。也是在 2010 年，微信诞生，腾讯凭借微信率先拿到了移动互联网的“门票”，微信由于更巧妙的产品底层设计，不仅在社交和内容赛道上斩获颇丰，还在产品的拓展上具有超强兼容性，游戏、企业服务等均可以在微信上“自由生长”。

2014 年前后，随着智能手机的普及和移动互联网的高速发展，中国企业在技术创新的基础上，通过商业模式创新，在部分领域成功实现了“弯道超车”。

一方面，从新闻到短视频，从外卖到出行，从电子商务到移动支付都涌现出“独角兽企业”，出现一些在全球都找不到对标公司的“独角兽企业”。如移动支付领域的微信支付；外卖领域的美团、饿了么；新闻资讯领域的今日头条；短视频领域的抖音、快手；电商领域的拼多多。

另一方面，包括腾讯、字节跳动等中国互联网科技巨头正在影响其他国际行业巨头，许多中国互联网公司的产品服务和商业模式正被国外互联网公司所模仿。

通过对中国和国际互联网公司的梳理对比可以看到，在互联网商业模式领域，国际互联网公司有的中国一定也有，而且在很多领域做得更好，公司更多，业务更完善。可以说，中国的互联网企业在很多领域已经从模仿和复制阶段过渡到了一定程度上的主导阶段。

### 3. 新商业模式就是新规则

中国企业的创新不是单纯的技术创新，而是对各项资源有效整合利用的融合式创新。过去 20 年，中国企业在资金、技术、人才方面通过对有限资源的有效整合，以创新为手段，以创造价值为目的，形成了多种多样的商业模式创新。

回顾过往，其实中国企业很多成功的商业模式在技术上没有太大的创新，只是将精力放在研究受众需求及应用的便利性上，从而获得成功。有时候这种创新被认为只是“换汤不换药”“新瓶装旧酒”，但事实上，多数商业模式创新就是形式创新、方法创新，不是产品和技术创新。中国企业只有改变旧有的观念认识，才能更好地促进各类模式创新。

各国的创新模式其实都有自己与生俱来的核心竞争力，如某些国家最擅长技术创新模式，因为他们一度汇集了全球最多的科技人才。某些国家最擅长工艺创新模式，他们做事很细，喜欢钻研，擅长在生产现场一点一滴地改进，产品到他们手里都可以变得更小巧、更轻薄、更精致。而中国人研究人最透彻，对客户需求把握得最准确，大概更擅长商业创新模式，以需求为导向最能发挥中国企业的长处。

新商业模式就是新规则。三流企业卖力气，二流企业卖产品，一流企业卖技术，超一流企业卖规则、卖标准，商业模式创新从某种意义上说就是在创造新规则和新标准。卖产品的企业所关注的主要是产品创新，卖服务和卖技术的企业所关注的主要是服务或者技术创新。而卖规则和标准的企业几十年的奋斗就是为了形成具有垄断地位的商业模式。

美国花旗银行早在十多年前就在中国申请了19项属于“商业方法”的专利，这类专利在中国还没有先例。比如用于实现银行卡交易的方法和系统，发票购货单系统，电子货币系统等，如果这些几乎包括了所有电子交易领域和交易方法的专利注册成功，那么其他银行必然将陷入整体被动。因此，中国企业在思考商业模式创新时，不仅仅要思考赚不赚钱的问题，更要思考哪些创新的商业模式是可以注册专利并形成企业资产和权利的。

## 小结

**从只有十余家企业进入世界 500 强，到超越美、日以及一众欧洲企业群体，成为世界 500 强中最多的企业群体，中国企业仅用了 20 年时间，就深刻改变了全球企业的竞争格局。**

## 第三节

# Section 3

## 企业强则中国强

2001年是中国经济发展的重要加速点，经过15年的艰苦谈判，中国终于加入世界贸易组织，走上世界经济的“大舞台”，中国经济迎来了高速增长，中国企业也在全球化发展大潮中迅速崛起。

这是一个需要大企业的时代。2001年，“十五”计划指出，要形成一批拥有著名品牌和自主知识产权、主业突出、核心能力强的大公司和企业集团，国家经贸委等8部门联合颁发了《关于发展具有国际竞争力的大型企业集团的指导意见》，为推进我国大企业发展工作提供了有力的政策指导。次年，中国企业联合会首次发布中国500强榜单，为研究中国大企业成长规律，推动中国大企业高质量发展提供了有力抓手。

企业强，则经济强；经济强，则中国强。一个国家的强盛，归根到底是企业的强盛。科学技术是第一生产力，大企业就是中国经济发展的密码！

20 年的历史实践表明，中国 500 强具有强国、强经济、促发展的以下 3 点重大作用。

## 一
## 500 强是经济的“顶梁柱”

20 年来，中国经济体量快速增长。2001 年，中国国内生产总值仅为 11.09 万亿元，排名在美、日、德、英、法、意六国之后，位列全球第七位。但此后 10 年，中国经济开启了超车模式，分别在 2004 年超过意大利、2005 年超过法国、2006 年超过英国、2007 年超过德国、2010 年超过日本，达到了国内生产总值全球排名的第二位。此后，中美经济体量差距也在不断缩小，从 2001—2010 年的平均差距 10 万亿美元，降至 2011—2019 年的 7.29 万亿美元，如图 1-26 所示。

相应的，20 年来中国 500 强规模也在不断扩大。中国 500 强营收规模总量从 2002 年有统计以来的 6.08 万亿元，增长至 2021 年的 89.83 万亿元，增幅近 14 倍。中国 500 强营收门槛也从 2002 年的 20 亿元增至 2021 年的 392.36 亿元，增幅近 19 倍。

20 年来，中国 500 强的规模增长与中国经济体量的增长联系日趋紧密。2002 年数据显示，当年中国 500 强营收规模总量相当于我国国内生产总值的 55.44%，此后这一数字基本保持了稳定增长，在 2014 年一度达到 99.68%，随后尽管略有下降，但也均保持在 86% 以上水平。2021 年，中国 500 强营业收入规模总量相当于 2020 年 GDP 的 88.42%，与上年相比提升了 1.22 个百分点。中国 500 强真正起到了我国经济“顶梁柱”的作用，如图 1-27 所示。

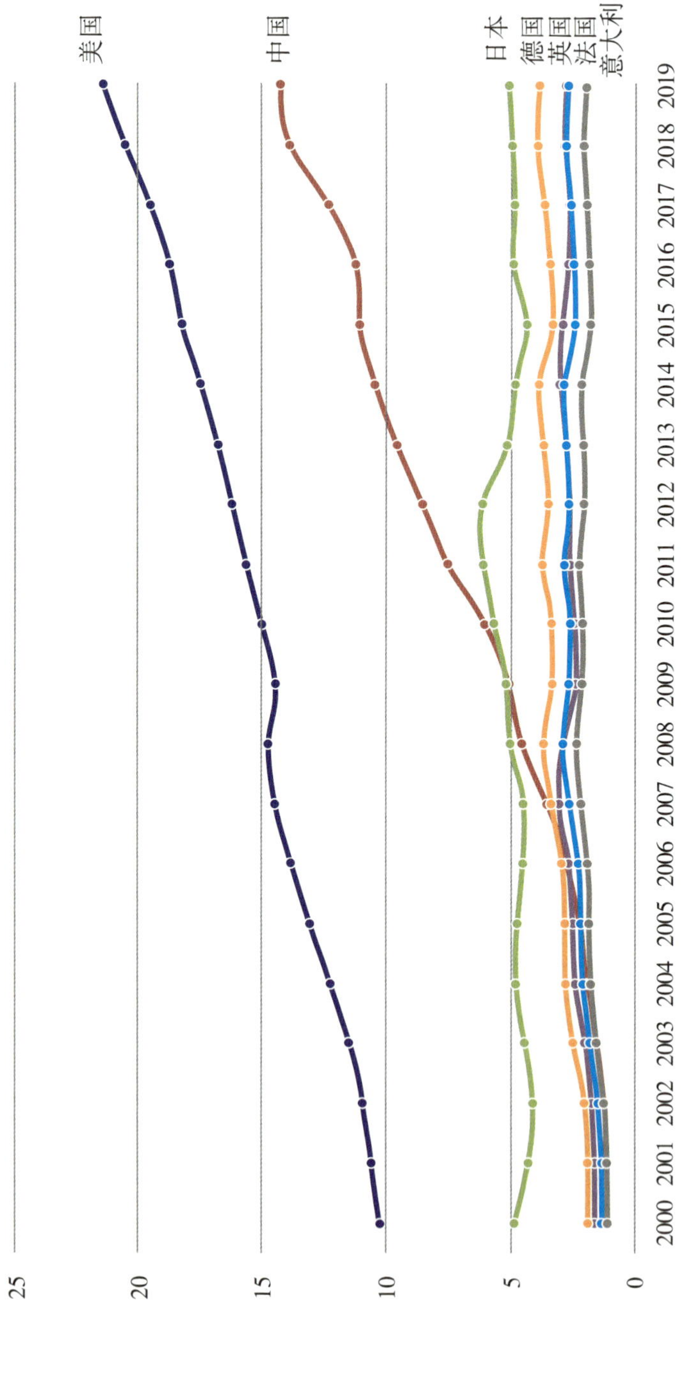


图1-26 世界银行2000—2019年中、美、日、德、英、法、意七国GDP规模（万亿美元）

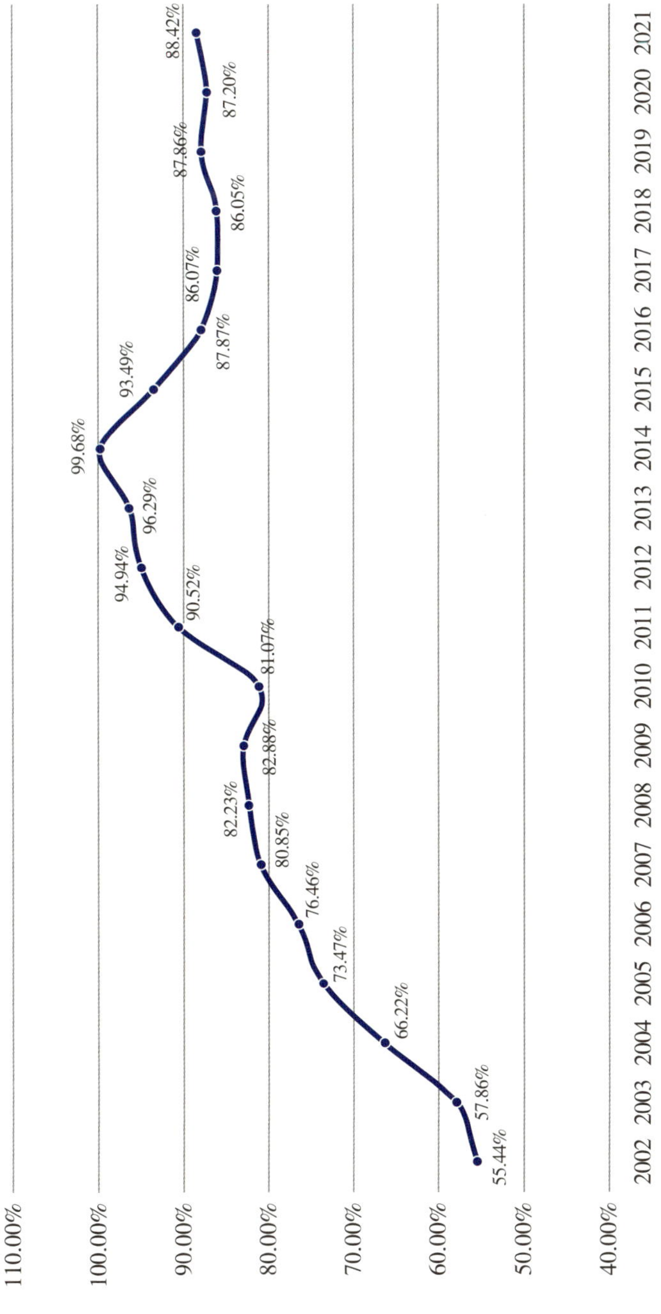


图 1-27 2002—2021 中国 500 强营收在当年国内生产总值中的占比

## 二

## 500强是发展的“火车头”

中国500强既是中国经济的“晴雨表”，又是牵引中国经济的“火车头”。这20年是我国从“十五”计划到“十三五”规划的实施年，是中国500强与中国经济同呼吸、共命运的20年，如图1-28所示。

“十五”计划时期，作为我国发展重要战略机遇期的第一个五年，外部经济环境整体向好，以出口为导向的中国经济借着2001年加入世界贸易组织的“东风”，进一步摆脱1997年亚洲金融危机的影响，GDP重回两位数增长。这一时期，中国500强营收规模年均增速高达23.67%，是同期我国年均GDP增速9.78%的两倍多，充分带动了我国经济的高速增长。

“十一五”规划时期，面对复杂的国内外环境变化和重大风险挑战，宏观上中国经济依旧保持了高速增长，GDP年平均增速保持在11%以上。但微观上中国500强营收规模增速却出现了较大波动，特别是2009年受到国际金融危机的影响，全球经济增速出现负增长，导致较多依赖全球市场的中国500强营收增速大幅下滑，从上年的19.08%骤降至6.19%，但其后又快速反弹。“十一五”规划时期中国500强营收年平均增速超过21%，依然接近我国GDP增速的两倍，有力地牵引了中国经济的平稳回升。

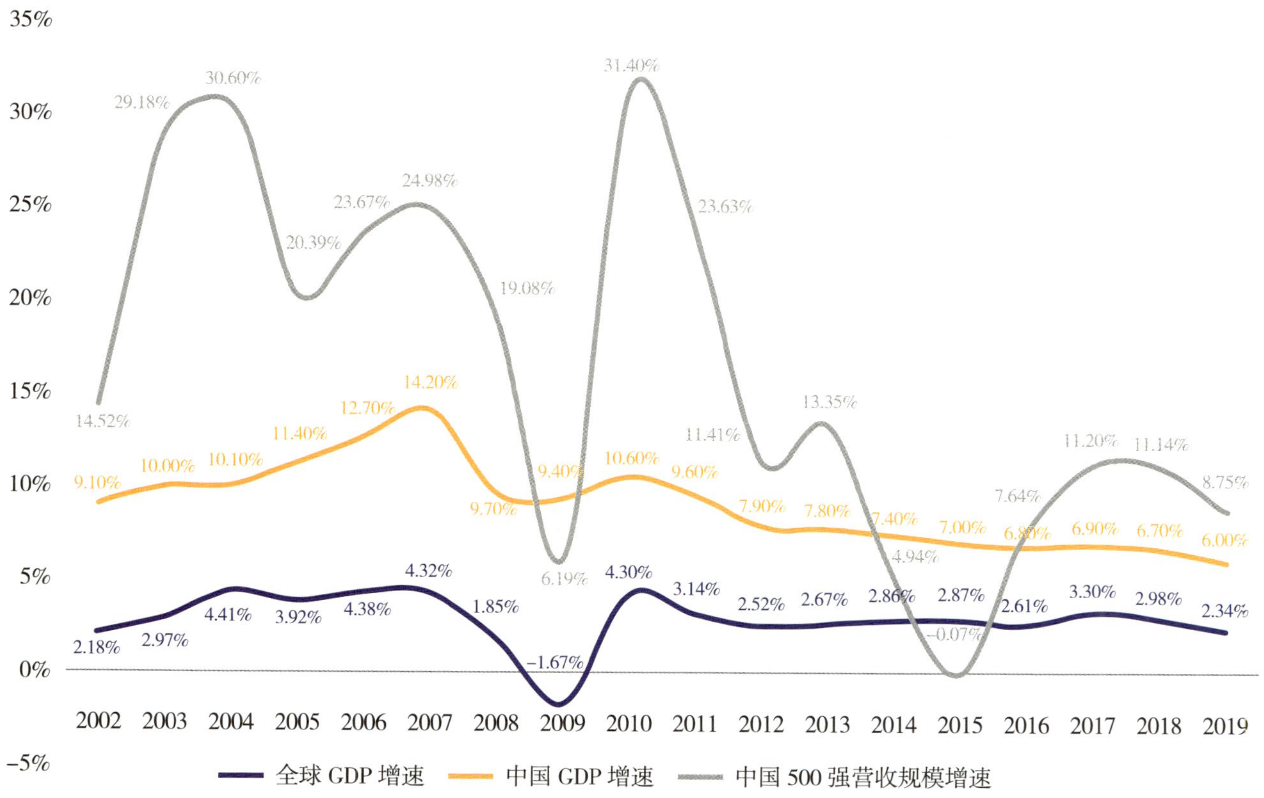


图 1-28　2002—2019 年中国 500 强与全球及中国国内生产总值增速

“十二五”规划时期，世界经济进入危机后的深度调整期，而我国经济则呈现增长速度换挡期、结构调整阵痛期和前期刺激政策消化期的“三期叠加”局面，进入新常态发展阶段。我国经济从高速增长换挡为中高速增长，GDP 年均增速从“十一五”规划时期的 11.32% 降至 7.94%。中国 500 强积极配合经济形势开展结构调整，化解过剩产能，优化产业结构，处理深层次矛盾，同步进入增长调整周期，“十二五”规划时期中国 500 强营收年平均增速降至 10.65%，仅略高于这一时期 GDP 增速 2.7 个百分点，其中 2015 年更出现了首次负增长，降幅为 0.07%。

“十三五”规划时期，国际形势发生重大变化，迎来“百年未有之大变局”，中国经济在多重挑战下贯彻高质量发展理念，释放国内市场需求，促进产业结构升级，从要素驱动、投资驱动向创新驱动转变，保持了稳健增长的态势。“十三五”规划时期我国 GDP 保持了 6% 以上的增速，2020 年，新型冠状病毒肺炎疫情对我国经济产生严重冲击，但我国迅速控制了疫情的蔓延，经济在 2020 年第二季开始先于全球大多数国家增速转正，全年 GDP 增速达到 2.3%，与全球 GDP 增速 -4.3% 相比高出 6.6 个百分点，是全球主要经济体中唯一实现正增长的国家。以中国 500 强为代表的中国企业积极应对国内外发展挑战，快速适应“十二五”规划以来的“三期叠加”局面，实现年均营业收入增速 9.68%，达到同期 GDP 增速的 4.2 倍，继续拉动中国经济增长。

从全球来看，过去 20 年，中国 500 强的营收增速大概是中国 GDP 增速的 1.8 倍，而中国 GDP 的增速是世界 GDP 增速的 3.1 倍。中国 500 强是中国经济的“火车头”，而中国经济更是世界经济的“火车头”，连续 8 年对世界经济增长的贡献率在 30% 左右，保持第一。

从国内各地区来看，中国 500 强也是地区经济的“火车头”，有力带动着各地区的经济与社会发展。我们计算了 2002 年与 2020 年中国 500 强营业收入与企业所在地区 GDP 的比值，排除了企业总部明显聚集的北京和上海，以及尚未出现 500 强的 3 个直辖市及自治区，可以清晰地看到，20 年来中国 500 强对地区经济发展的贡献持续加大。与 2002 年相比，2020 年大部分地区的中国 500 强营业收入在地区生产总值中的占比都出现了较大幅度的提升，例如甘肃省 500 强营收在甘肃省地区 GDP 中的占比由 2002 年的 7.01% 提升至 2020 年的 67.60%，增长约 60 个百分点，成为增长幅度最高的省份，如图 1–29 所示。

甘肃省矿产资源较为丰富，矿业开发是重要经济支柱。中国最大的镍生产商金川集团，中国最早建设的大型铜、银生产企业白银有色集团，中国西北地区最大的碳钢和不锈钢生产基地酒钢集团等企业依托甘肃省丰富的矿产资源，逐渐成长，进入中国 500 强行列。同时，这些企业也有力拉动地区经济发展。金川集团、酒钢集团的营收规模分别超过了其所在的金昌市、嘉峪关市的 GDP 总额。

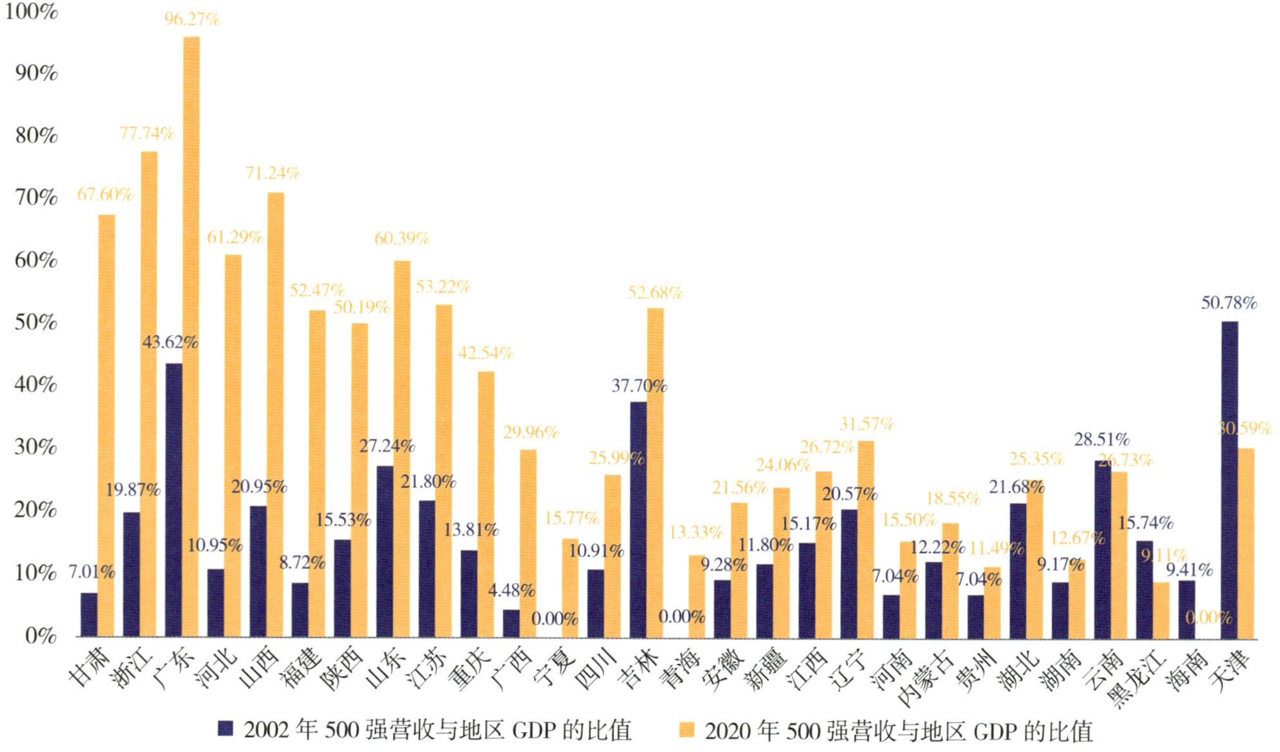


图 1-29 2002 年与 2020 年中国 500 强营收在地区 GDP 中的占比变化

## 三

## 500 强是社会的“贡献者”

企业作为当今社会最重要的经济组织，是经济起飞的根本动力，是财富的创造者，也是社会的稳定器。中国 500 强群体，在不断扩大产品和服务，以及支撑和拉动经济增长的同时，也在就业、税收、技术和环保等方面对社会发展做出了突出贡献。

2021 年，中国 500 强就业人员达到 3340 万人，在全国城镇就业人员总量中的占比达到 7.35%，而此前“十三五”规划时期，中国 500 强就业人员占比平均值为 7.7%，尽管略低于“十二五”规划平均占比，但缓解全社会就业压力最关键的 2016 年和 2018 年，中国 500 强积极响应政府号召，在全国城镇就业人员总量中的占比都有所提升，为稳就业做出了突出贡献，如图 1–30 所示。

中国 500 强作为各行业的领军企业，在各产业链、供应链中充分发挥龙头企业的带动作用，促进上下游相关企业的协同发展，从而创造更多的就业岗位。中国 500 强在稳就业方面的贡献，不仅仅是本企业的员工数量，还有上下游相关企业就业机会的增加。

而在纳税方面，2021 年中国 500 强纳税总额达到 4.25 万亿元，连续 4 年保持增长，在我国税收收入总额中的占比回升至 31.04%，如图 1–31 所示。

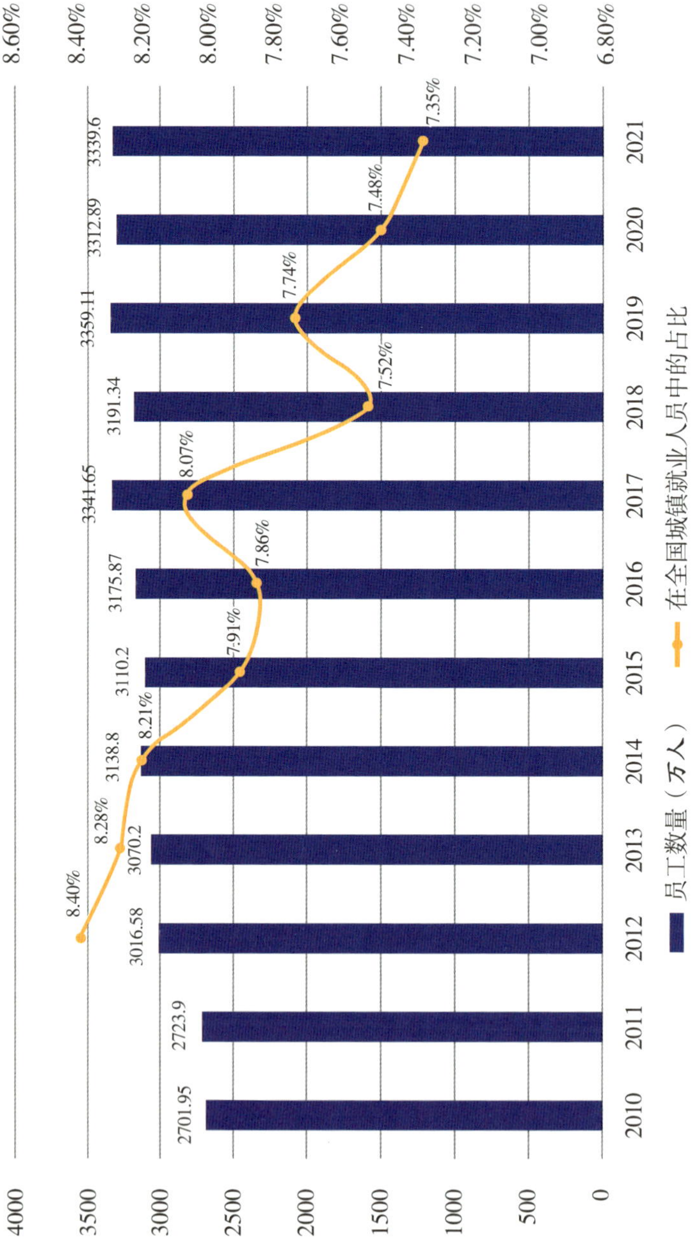


图 1-30　中国 500 强员工数量及在全国城镇就业人员中占比

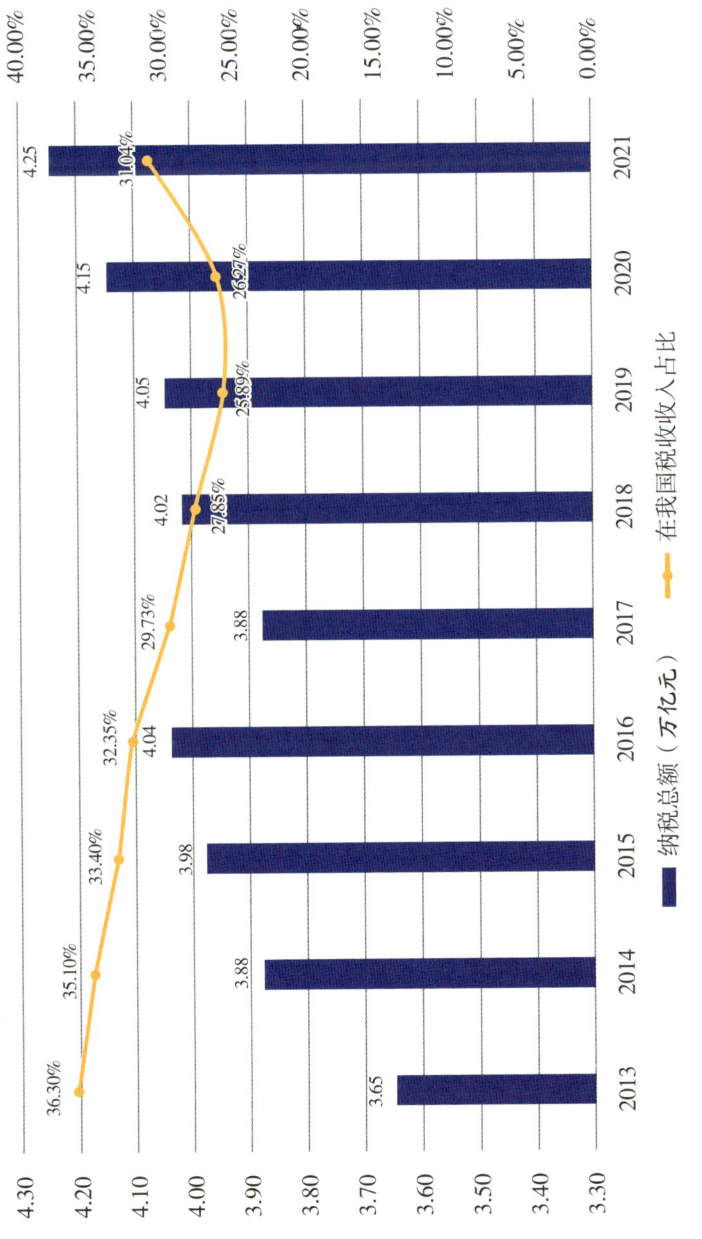


图 1-31　中国 500 强纳税总额及在我国税收收入占比

在技术研发方面，中国500强研发投入持续稳定增长。2020年，中国500强共投入研发费用10754.06亿元，首次突破万亿元。2021年这一数字猛增至13066.47亿元，比上年增加了2312.41亿元，增幅达到21.50%。2021年中国500强研发投入总量相当于2020年我国全社会研发投入约2.4万亿元的54%左右，企业创新主体地位进一步夯实。

在绿色环保方面，随着社会绿色环保意识的提升，以中石化、上汽集团和五矿集团为代表的中国制造业500强自觉践行“绿水青山就是金山银山”的绿色发展理念，节约资源能源减少污染排放，推动企业绿色转型，积极实现“双碳”目标。

## 小结

**中国500强的成长，支撑和见证了中国经济的发展。无论是在国内生产总值的增长，还是在稳定就业和纳税额等方面，中国500强都发挥出了“顶梁柱”“火车头”和“贡献者”的积极作用。**

## • 要点回顾

过去 20 年，是中国经济高速发展的 20 年，也是中国企业在全球范围内实现历史性崛起的 20 年。一路走来，以中国 500 强为代表的中国企业群体，不断披荆斩棘，乘风破浪，化危机为动力，化挑战为机遇，走出了一条属于中国企业的发展道路。

20 年的风雨历程与成就，已从数据层面全方位地展示中国 500 强的自强不息，持续发展壮大；敢于竞争，再造全球产业格局；勇于担当，为中国经济的发展做出重要贡献。

20 Years' Stormy and Prosperous Development Experiences of Chinese Top 500 Enterprises

# Chapter 2 第二章

# 20年的成长路径与经验

产业升级 ·
区域布局 ·
技术创新 ·
国际经营 ·
并购重组 ·
数字化转型 ·
混合化改制 ·

经过20年的发展，中国500强已经全面从“地区级”成长为“国家级”，并不断有企业进入“国际级”和“世界级”的领先企业行列。

2002年中国500强数据首次统计发布，彼时营收超过100亿元的企业仅有114家，业务分布或市场领域还主要停留在某个或某几个区域，基本属于“地区级”企业。而到了2010年，所有上榜的500强营业收入都已超过了100亿元，规模扩张的同时业务分布或市场领域也开始走向全国，基本都实现了成为“国家级”企业的目标。到2021年，中国500强的营收门槛已提升至390亿元，“国家级”企业的标准不断提升，如图2-1所示。

如果以1000亿元营收规模作为“国家级”企业迈向“世界级”企业的标准，那么2021年已经有222家企业突破了千亿元营收大关，成为“世界级”企业，其中中石化、国家电网、中石油、中国建筑、工商银行、中国平安、建设银行和农业银行的营业收入更是超过万亿元大关，成为当之无愧的“世界巨无霸”企业。

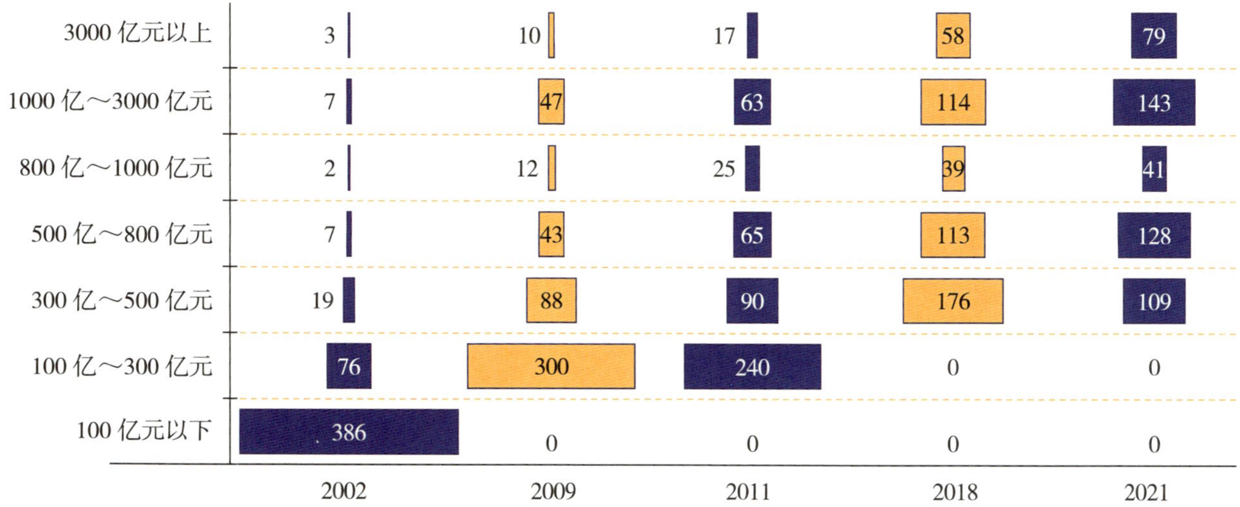


图 2-1 中国500强营业收入规模分层次统计

中国500强营收门槛的两次跃升发生在2009年和2018年，企业的产业升级与国际化发展等措施在两次跃升中起到了重要作用。

2009年中国500强第500位的企业是双星集团，当年营收105.38亿元。彼时双星集团刚刚完成主营业务调整，从鞋帽服装调整为橡胶轮胎，这体现了中国500强的产业升级路径从轻工业向重工业转变。

而2018年中国500强第500位的企业是山东汇丰石化集团，当年营收306.89亿元，伴随着自2015年以来的原油进口权与进口原油使用权开放政策的逐步出台，山东汇丰石化作为地方领先的民营炼化企业，积极把握住开放跨国经营的机遇，实现了营收的高速增长，2020年500强排名上升到436位。

产业升级和国际化发展只是中国企业成长战略地图中的两个路径，我们仔细回顾了过去20年中国500强群体成长壮大的历程，总结出了中国企业成长的七大路径，以及这些路径背后的周期与拐点，可能隐含着中国企业的特殊成长经验。

## 第一节
## Section 1
## 产业升级

### 一
### 资源驱动到创新驱动

过去 20 年，伴随着我国的经济发展，大型企业在行业变迁的过程中不断涌现，中国 500 强的行业分布也随之发生了巨大变化，2021 年中国 500 强与 2002 年中国 500 强对比，出现行业分布调整的上榜企业数量达到 174 家，在中国 500 强中占比达到 34.8%。

从中国 500 强行业分布的变化特点来看，20 年来产生 500 强的行业领域日趋分散，有更多不同行业领域的优秀企业跻身中国 500 强行列。

目前，26 个行业分类中，金属产品、建筑业和金融业是产生中国 500 强最多的三个行业领域，上榜企业数量在 500 强中合计占比达到 32%，与 2002 年时产生中国 500 强最多的三大行业领域，即消费品生产、金属产品和食品饮料生产上榜企业数量占比合计的 40.2% 相比下降了 8.2 个百分点，中国 500 强的行业分布集中度明显降低，如表 2-1 所示。

将这一对比扩展到产生中国 500 强最多的 10 大行业领域，企业所处行业的分布集中度下降的趋势同样明显。2021 年产生中国 500 强最多的 10 大行业是金属产品、建筑业、金融业、化学品制造、批发贸易、机械设备、房地产、采矿业、消费品生产和交通运输设备及零部件制造，上榜企业数量合计占比达到 69.2%，而 2002 年产生中国 500 强最多的 10 大行业是消费品生产、金属产品、食品饮料生产、建筑业、采矿业、零售业、交通运输设备及零部件制造、交通运输业、金融业和化学品制造业，上榜企业数量合计占比高达 74.2%，即每 4 家 500 强企业中，就有 1 家企业处于上述 10 大行业领域之中。

进一步聚焦各个行业领域 500 强的数量增减变化情况，可以明显看到中国 500 强群体的产业升级趋势。

将 26 个行业领域分为 3 类：扩张型行业、稳定型行业和收缩型行业。此处的扩张、稳定与收缩都是相对概念，在快速的经济发展与激烈的市场竞争环境下，“逆水行舟，不进则退”，如前文已经提到的中国 500 强门槛企业 2002 年营收仅有 20 亿元，而到了 2021 年这一数字则达到了 392.36 亿元。所以在扩张型行业中不断新增的 500 强，其成长速度必然快于中国 500 强的平均水平；处于稳定型行业中持续上榜的企业，其成长速度基本代表了中国 500 强的平均成长速度；而处于收缩型行业中掉出中国 500 强榜单的企业，并不一定没有成长，而是其成长速度已经远远落后于中国 500 强的整体成长速度。

**表 2-1　中国 500 强分行业领域数量变化趋势**

| 行业名称 | 2002 | 2003 | 2004 | 2005 | 2006 | 2007 | 2008 | 2009 | 2010 | 2011 | 2012 | 2013 | 2014 | 2015 | 2016 | 2017 | 2018 | 2019 | 2020 | 2021 | 两端变化 | 趋势 |
|---|---|---|---|---|---|---|---|---|---|---|---|---|---|---|---|---|---|---|---|---|---|---|
| 消费品生产 | 98 | 66 | 63 | 54 | 46 | 43 | 45 | 38 | 38 | 36 | 35 | 36 | 31 | 30 | 30 | 30 | 28 | 24 | 22 | 23 | -75 | 大量减少 |
| 食品饮料生产 | 45 | 45 | 39 | 40 | 32 | 33 | 32 | 31 | 29 | 31 | 28 | 26 | 29 | 29 | 31 | 31 | 17 | 17 | 17 | 18 | -27 | 大量减少 |
| 综合服务业 | 18 | 19 | 21 | 16 | 17 | 15 | 13 | 10 | 14 | 13 | 12 | 11 | 10 | 8 | 6 | 6 | 7 | 7 | 7 | 7 | -11 | 减少 |
| 零售业 | 25 | 22 | 21 | 26 | 28 | 22 | 17 | 19 | 19 | 21 | 22 | 25 | 22 | 23 | 20 | 20 | 15 | 14 | 14 | 14 | -11 | 减少 |
| 交通运输业 | 21 | 30 | 29 | 26 | 27 | 27 | 33 | 30 | 28 | 14 | 15 | 15 | 13 | 13 | 11 | 11 | 10 | 11 | 12 | 11 | -10 | 减少 |
| 药品和医疗设备制造 | 16 | 16 | 13 | 9 | 8 | 7 | 7 | 8 | 6 | 7 | 7 | 11 | 6 | 9 | 8 | 8 | 8 | 7 | 8 | 6 | -10 | 减少 |
| 采矿业 | 26 | 24 | 27 | 27 | 31 | 28 | 28 | 31 | 31 | 29 | 31 | 30 | 29 | 27 | 24 | 24 | 22 | 22 | 25 | 18 | -8 | 稳定 |
| 交通运输设备及零部件制造 | 25 | 35 | 34 | 29 | 29 | 33 | 27 | 27 | 23 | 23 | 22 | 21 | 21 | 22 | 21 | 21 | 21 | 22 | 21 | 19 | -6 | 稳定 |
| 电力生产 | 11 | 13 | 13 | 15 | 15 | 12 | 10 | 11 | 11 | 9 | 8 | 7 | 7 | 7 | 8 | 8 | 6 | 6 | 7 | 7 | -4 | 稳定 |
| 农林牧渔业 | 4 | 3 | 1 | 1 | 1 | 1 | 1 | 1 | 1 | 1 | 1 | 2 | 2 | 1 | 1 | 1 | 2 | 2 | 1 | 2 | -2 | 稳定 |
| 建材生产 | 6 | 7 | 9 | 12 | 11 | 11 | 9 | 8 | 10 | 10 | 11 | 10 | 8 | 9 | 7 | 7 | 7 | 7 | 6 | 6 | 0 | 稳定 |
| 旅游、餐饮及文化娱乐 | 1 | 1 | 2 | 0 | 0 | 0 | 2 | 1 | 3 | 3 | 3 | 2 | 2 | 2 | 3 | 3 | 2 | 1 | 1 | 2 | 1 | 稳定 |
| 防务 | 12 | 12 | 10 | 15 | 17 | 15 | 13 | 17 | 17 | 18 | 18 | 18 | 20 | 18 | 18 | 18 | 18 | 17 | 15 | 14 | 2 | 稳定 |

续表

| 行业名称 | 2002 | 2003 | 2004 | 2005 | 2006 | 2007 | 2008 | 2009 | 2010 | 2011 | 2012 | 2013 | 2014 | 2015 | 2016 | 2017 | 2018 | 2019 | 2020 | 2021 | 两端变化 | 趋势 |
|---|---|---|---|---|---|---|---|---|---|---|---|---|---|---|---|---|---|---|---|---|---|---|
| 电信及互联网信息服务 | 8 | 18 | 14 | 12 | 15 | 14 | 11 | 8 | 7 | 7 | 8 | 7 | 9 | 9 | 11 | 11 | 20 | 17 | 16 | 14 | 6 | 稳定 |
| 计算机、通信设备及其他电子设备制造 | 6 | 7 | 9 | 7 | 9 | 8 | 13 | 7 | 4 | 4 | 4 | 5 | 4 | 5 | 6 | 6 | 7 | 7 | 10 | 15 | 9 | 稳定 |
| 批发贸易 | 15 | 16 | 19 | 17 | 20 | 22 | 21 | 19 | 21 | 24 | 27 | 25 | 30 | 25 | 28 | 28 | 24 | 24 | 27 | 25 | 10 | 增加 |
| 邮政和物流 | 1 | 2 | 2 | 3 | 3 | 4 | 4 | 6 | 6 | 7 | 6 | 7 | 10 | 10 | 10 | 10 | 8 | 8 | 8 | 13 | 12 | 增加 |
| 公用事业服务 | 3 | 3 | 4 | 5 | 7 | 7 | 9 | 8 | 10 | 11 | 11 | 10 | 15 | 15 | 15 | 15 | 14 | 17 | 17 | 15 | 12 | 增加 |
| 机械设备 | 14 | 13 | 18 | 17 | 16 | 21 | 22 | 27 | 23 | 26 | 24 | 21 | 21 | 25 | 29 | 29 | 29 | 29 | 26 | 27 | 13 | 增加 |
| 商务服务 | 0 | 0 | 2 | 2 | 2 | 3 | 4 | 7 | 8 | 9 | 9 | 11 | 9 | 8 | 7 | 7 | 11 | 14 | 14 | 13 | 13 | 增加 |
| 建筑业 | 33 | 30 | 37 | 37 | 36 | 35 | 33 | 36 | 41 | 43 | 43 | 44 | 47 | 50 | 49 | 49 | 48 | 53 | 48 | 48 | 15 | 大幅增加 |
| 金融业 | 20 | 14 | 15 | 21 | 16 | 21 | 19 | 22 | 21 | 21 | 24 | 25 | 26 | 27 | 31 | 31 | 33 | 39 | 39 | 36 | 16 | 大幅增加 |
| 化学品制造 | 20 | 21 | 21 | 20 | 21 | 24 | 32 | 31 | 35 | 34 | 31 | 32 | 35 | 37 | 34 | 34 | 42 | 43 | 39 | 38 | 18 | 大幅增加 |
| 房地产 | 3 | 5 | 4 | 7 | 5 | 7 | 8 | 4 | 8 | 13 | 13 | 13 | 15 | 14 | 16 | 16 | 25 | 20 | 26 | 25 | 22 | 大幅增加 |
| 金属产品 | 58 | 67 | 66 | 78 | 85 | 85 | 86 | 92 | 84 | 85 | 86 | 85 | 78 | 76 | 74 | 74 | 76 | 72 | 73 | 83 | 25 | 大幅增加 |
| 其他 | 11 | 11 | 7 | 4 | 3 | 2 | 1 | 1 | 2 | 1 | 1 | 1 | 1 | 1 | 2 | 2 | 0 | 0 | 1 | 1 | -10 | 减少 |

具体来看，中国 500 强数量不断增多的扩张型行业主要包括金属产品、房地产、化学品制造、金融业、建筑业、商务服务、机械设备、公用事业服务、邮政和物流以及批发贸易 10 个领域，其中金属产品、房地产、化学品制造、金融业、建筑业 5 个领域的中国 500 强数量增幅最多，这些企业普遍属于资源要素驱动型和资本要素驱动型企业。

中国 500 强数量变化不大的稳定型行业主要包括计算机、通信设备及其他电子设备制造，防务，旅游，餐饮及文化娱乐，建材生产，农林牧渔业，电力生产，交通运输设备及零部件制造，以及采矿业 9 个领域。处于这些行业领域的企业，大部分都是资源要素驱动型企业。

而中国 500 强不断减少的收缩型行业主要包括消费品生产、食品饮料生产、综合服务业、零售业、交通运输业，以及药品和医疗设备制造 6 个领域，其中消费品生产和食品饮料生产领域的中国 500 强数量减少幅度最为明显。消费品生产领域，主要是纺织服装与家用电器等细分行业的中国 500 强上榜企业数量从 2002 年的 98 家降至 2021 年的 23 家，减少了 75 家；食品饮料生产领域，中国 500 强上榜企业数量从 2002 年的 45 家降至 2021 年的 18 家，减少了 27 家。这两大行业领域企业，都是明显的劳动力要素驱动型企业。

通过观察中国 500 强数量在不同行业领域内的增减，可以明显看到中国 500 强的产业升级以及我国经济结构调整的总体趋势，以往依托我国人口红利、通过劳动力要素驱动增长的行业企业已逐步让位于以资本要素驱动增长的行业企业，而以资源要素驱动增长的行业企业在过去20年来则保持了稳定的发展。

但是伴随着我国经济发展进入“新常态”，各项要素的规模驱动力都有明显减弱的态势，经济增长将更多地依靠科技创新与技术进步。党的十八大提出了中国经济要“从要素驱动、投资驱动转向创新驱动”的战略要求，同样适用于中国企业的发展战略。一方面，可以积极发展以创新为核心驱动力量的战略新兴产业；另一方面，可以通过科技创新改造传统产业，赋予其更多的科技属性与创新属性。

令人欣喜的是，中国500强扩张型行业与稳定型行业的产业分布交汇处，如计算机、通信设备及其他电子设备制造业，以及电信及互联网信息服务等具有明显科技创新属性或通过科技创新已经实现产业升级的行业领域，中国500强的数量在近几年来都有了明显增长，创新驱动型行业企业崛起的步伐进一步加快。

## 二

## 引领产业升级浪潮

美国产业升级周期基本都是以20年为一个阶段，每一个阶段都有不同的发展动力、新兴产业和领军企业。20世纪50年代至20世纪60年代，美国进入城市化周期，能源、基础工业和耐用消费品行业进一步发展壮大；20世纪70年代至20世纪80年代，美国进入经济滞胀周期，高能耗、高污染的传统制造业逐渐向亚太地区转移，而以微电子技术为代表的高端制造产业迅速崛起；20世纪90年代至21世纪初，美国进入以信息技术为主导的数字产业周期，催生了一大批通信、互联网以及移动互联网巨头。

从总体来看，过去 20 年中国企业走过了美国企业 60 年的产业升级历程，将每个阶段缩短到 5～10 年。同时，从时间与空间的双重维度下来看，中国企业的产业升级并不是平均分布，而是一个波浪式的转移与升级过程，中国 500 强群体在其中扮演了浪潮中的旗手角色。

中国除东北地区目前 500 强数量较少外，从东部、中部和西部地区的中国 500 强行业分布中可以看到一条清晰的从东部向西部、从沿海向内陆、从轻工业向重工业、从传统制造向先进制造与高端服务的产业迁移与升级脉络。如图 2–2 所示。

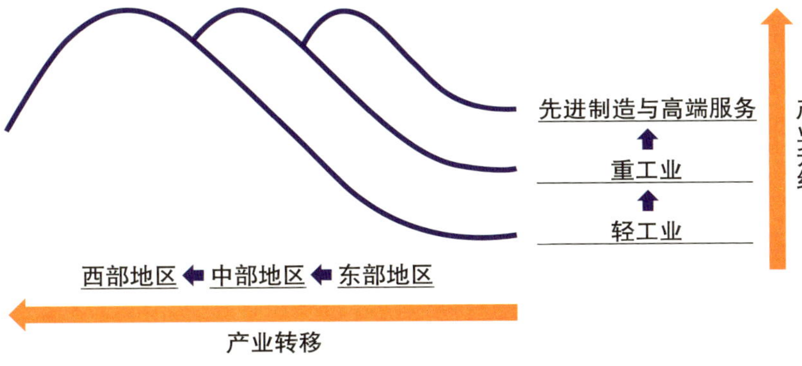


图 2–2　中国 500 强的波浪式产业转移与升级路径

中国东部地区 500 强的产业分布极为广泛，涉足 26 个产业领域中的 24 个，过去 20 年产业结构变化显著。

2002 年，消费品生产企业还是东部地区中国 500 强上榜企业中最多的一个群体，但 2011 年这一产业领域企业数量比例出现大幅减少，东部地区上榜企业数量最多的产业领域已经让位于以钢铁行业为代表的金属产品行业，而在2002年企业数量排在第二位的食品饮料生产行业，在2011年时已经跌出前10位，取而代之的则是建筑业企业。可以说，2002—2011年这一阶段，是东部地区企业发展由轻工业领军向重工业领军转变的过程。

而从2011年到2021年，中国500强企业数量排名第一位的金属产品行业地位没有动摇，但金融业企业数量占比明显增多，从2011年的第五位提升至2021年的第二位，其他如电信及互联网信息服务、公用事业服务等服务行业企业数量排名也均出现了明显提升。2011—2021年，东部地区的产业经历了一个从传统制造业为引领逐步转向先进制造业与高端服务业共同引领的过程，如图2-3所示。

中国中部地区500强主要集中分布在以金属产品、采矿业为代表的10余个产业领域。过去近20年来，中部地区的产业结构基本没有发生太大变化，大企业长期以金属产品和采矿业等重工业为主，其他产业领域的500强则主要是从传统的轻工制造业向先进装备制造业转移，如图2-4所示。

中国西部地区由于在过去近20年500强数量显著增长，其500强产业分布结构也出现了明显变化，2002年与2011年西部地区500强涉及产业领域均为14个，2021年西部地区500强涉及的产业领域已经增加至18个，主要涉及商务服务、金融业和邮政物流等服务行业，而防务和药品医疗行业领域企业也再次出现在2021年的榜单上，如图2-5所示。

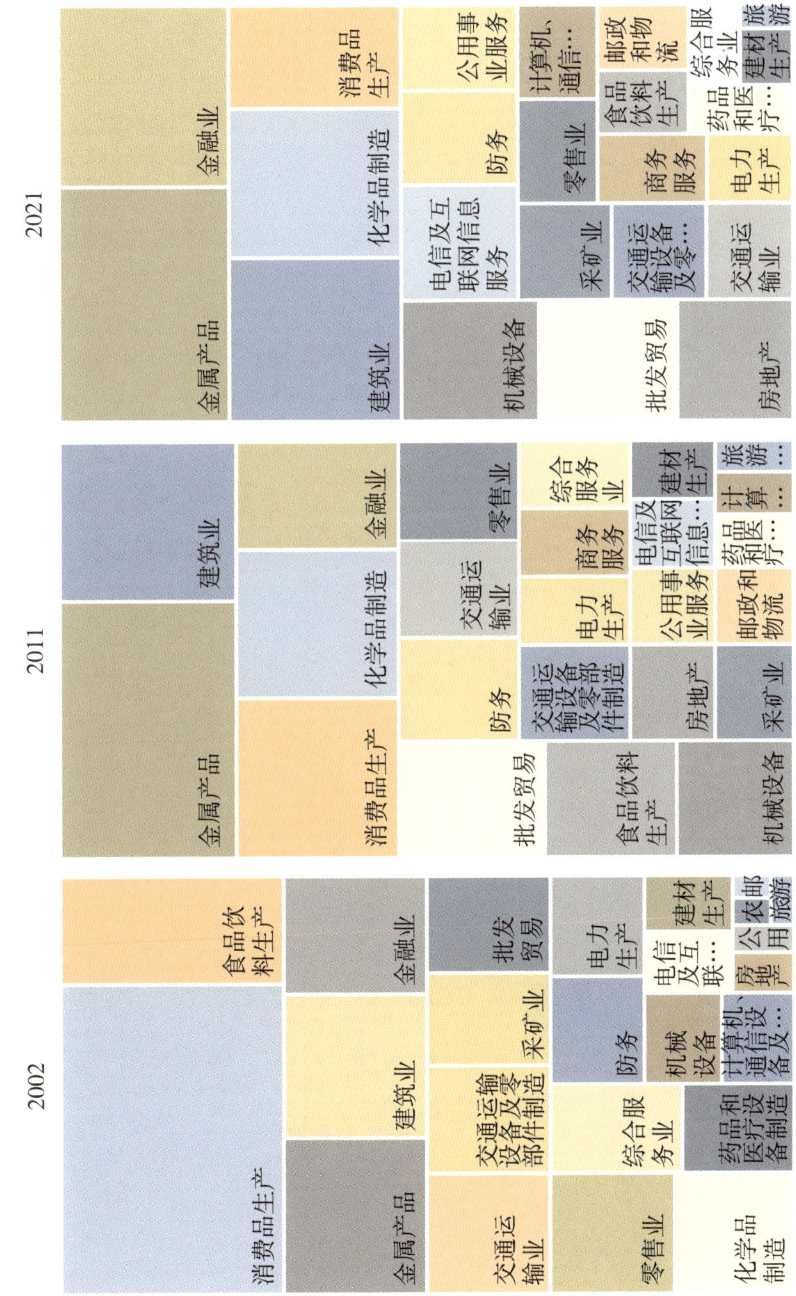


图 2-3　2002、2011、2021 年东部地区中国 500 强产业分布结构

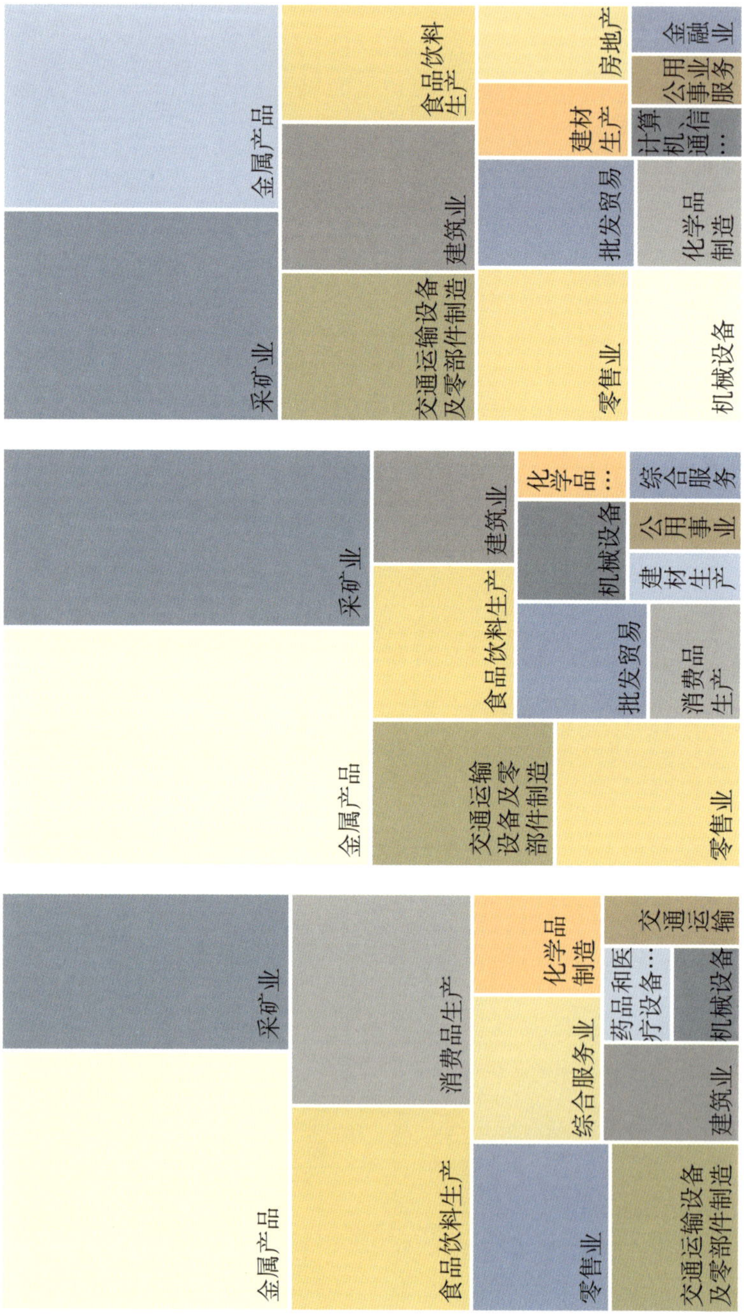


图 2-4 2002、2011、2021 年中部地区中国 500 强产业分布结构

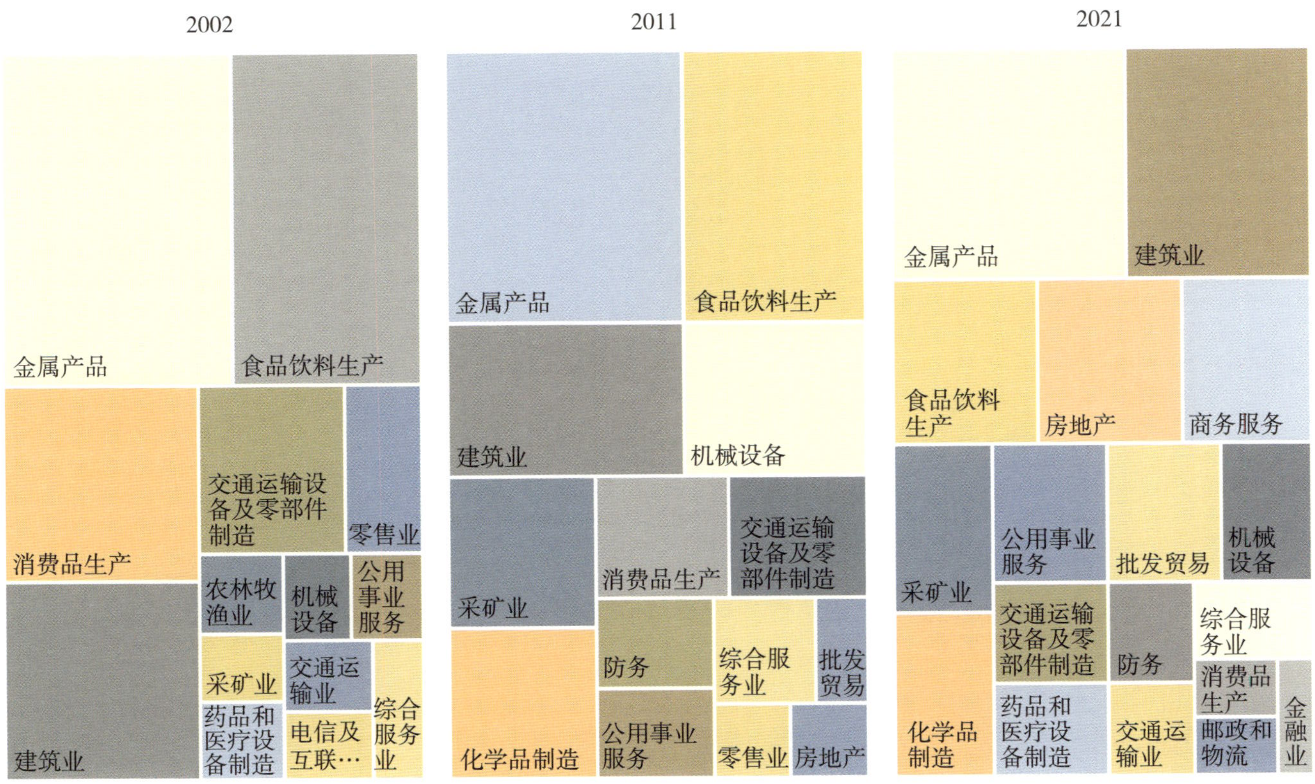


图 2-5　2002、2011、2021 年西部地区中国 500 强产业分布结构

## 小结

过去20年，中国企业走过了美国企业60年的产业升级历程，展现出了一条清晰的从东部向西部、从沿海向内陆，从轻工业向重工业、从传统制造向先进制造与高端服务的产业迁移与升级脉络。

# 第二节
# Section 2
# 区域布局

## 一
## 区域布局基本稳定

中国 500 强的区域布局主要是看企业总部的所在地情况。总体来看，过去 20 年中国 500 强的地域分布变化不大。总部跨省市迁移的企业不多，也有一些如三一重工等建立双总部、多总部的企业，但基本是在发源地发展。

从中国500强在各省市的分布数量来看，上海、辽宁、北京、广东、天津、黑龙江、吉林 7 个省市的 2021 年中国 500 强数量与 2002 年相比减少较为明显，降幅在 5～17 家之间；而浙江、山东、福建、河北、四川 5 个省市的 2021 年中国 500 强数量与 2002 年相比则有明显增加，增量在 6～16 家之间，如表 2-2 所示。

## 表 2-2 中国 500 强分省市地区数据

| 省市 | 2002 | 2003 | 2004 | 2005 | 2006 | 2007 | 2008 | 2009 | 2010 | 2011 | 2012 | 2013 | 2014 | 2015 | 2016 | 2017 | 2018 | 2019 | 2020 | 2021 | 两端变化 | 趋势 |
|---|---|---|---|---|---|---|---|---|---|---|---|---|---|---|---|---|---|---|---|---|---|---|
| 上海 | 50 | 45 | 35 | 44 | 32 | 31 | 29 | 28 | 26 | 30 | 28 | 26 | 27 | 25 | 27 | 29 | 29 | 31 | 30 | 33 | -17 | 减少 |
| 辽宁 | 17 | 26 | 24 | 16 | 17 | 18 | 19 | 17 | 18 | 16 | 15 | 14 | 13 | 12 | 9 | 9 | 7 | 9 | 8 | 8 | -9 | 减少 |
| 北京 | 102 | 101 | 91 | 92 | 95 | 97 | 94 | 96 | 98 | 100 | 98 | 99 | 98 | 98 | 101 | 104 | 100 | 100 | 97 | 93 | -9 | 减少 |
| 广东 | 66 | 70 | 66 | 54 | 53 | 45 | 44 | 37 | 34 | 37 | 37 | 35 | 42 | 41 | 48 | 51 | 51 | 57 | 57 | 58 | -8 | 减少 |
| 天津 | 15 | 17 | 28 | 24 | 29 | 28 | 26 | 25 | 22 | 22 | 18 | 20 | 17 | 21 | 17 | 14 | 7 | 5 | 6 | 7 | -8 | 减少 |
| 黑龙江 | 9 | 6 | 8 | 7 | 4 | 4 | 4 | 4 | 6 | 6 | 6 | 4 | 4 | 3 | 2 | 2 | 2 | 1 | 1 | 1 | -8 | 减少 |
| 吉林 | 6 | 6 | 5 | 4 | 3 | 4 | 5 | 5 | 5 | 2 | 3 | 3 | 3 | 4 | 3 | 3 | 2 | 1 | 1 | 1 | -5 | 减少 |
| 海南 | 2 | 2 | 2 | 2 | 1 | 1 | 1 | 1 | 1 | 2 | 2 | 3 | 4 | 2 | 1 | 1 | 0 | 0 | 0 | 0 | -2 | 稳定 |
| 江苏 | 45 | 34 | 39 | 40 | 40 | 49 | 55 | 50 | 49 | 49 | 51 | 49 | 48 | 44 | 44 | 47 | 52 | 49 | 45 | 43 | -2 | 稳定 |
| 湖南 | 8 | 7 | 8 | 8 | 6 | 6 | 7 | 7 | 6 | 7 | 8 | 7 | 7 | 6 | 7 | 8 | 7 | 6 | 7 | 7 | -1 | 稳定 |
| 云南 | 7 | 5 | 7 | 9 | 9 | 10 | 9 | 9 | 9 | 8 | 8 | 8 | 10 | 7 | 7 | 7 | 7 | 7 | 7 | 6 | -1 | 稳定 |
| 内蒙古 | 4 | 5 | 5 | 6 | 6 | 7 | 7 | 7 | 6 | 6 | 6 | 4 | 4 | 4 | 4 | 4 | 3 | 4 | 4 | 3 | -1 | 稳定 |
| 山西 | 7 | 7 | 11 | 12 | 11 | 11 | 11 | 12 | 11 | 9 | 11 | 11 | 11 | 9 | 10 | 9 | 9 | 9 | 9 | 6 | -1 | 稳定 |
| 江西 | 8 | 8 | 8 | 6 | 7 | 7 | 7 | 8 | 5 | 5 | 6 | 6 | 8 | 7 | 7 | 6 | 7 | 8 | 7 | 8 | 0 | 稳定 |
| 贵州 | 3 | 4 | 2 | 2 | 2 | 3 | 2 | 3 | 2 | 2 | 2 | 2 | 2 | 2 | 2 | 1 | 1 | 1 | 3 | 3 | 0 | 稳定 |
| 西藏 | 0 | 0 | 0 | 0 | 0 | 0 | 0 | 0 | 0 | 0 | 0 | 0 | 0 | 0 | 0 | 0 | 0 | 0 | 0 | 0 | 0 | 稳定 |

续表

| 省市 | 2002 | 2003 | 2004 | 2005 | 2006 | 2007 | 2008 | 2009 | 2010 | 2011 | 2012 | 2013 | 2014 | 2015 | 2016 | 2017 | 2018 | 2019 | 2020 | 2021 | 两端变化 | 趋势 |
|---|---|---|---|---|---|---|---|---|---|---|---|---|---|---|---|---|---|---|---|---|---|---|
| 湖北 | 8 | 8 | 7 | 7 | 11 | 10 | 10 | 11 | 9 | 8 | 9 | 8 | 9 | 12 | 11 | 11 | 10 | 10 | 11 | 8 | 0 | 稳定 |
| 河南 | 11 | 9 | 10 | 11 | 9 | 11 | 15 | 16 | 16 | 15 | 13 | 14 | 10 | 10 | 9 | 9 | 10 | 9 | 10 | 12 | 1 | 稳定 |
| 青海 | 0 | 0 | 0 | 0 | 0 | 1 | 1 | 1 | 1 | 1 | 1 | 1 | 1 | 1 | 1 | 1 | 1 | 1 | 1 | 1 | 1 | 稳定 |
| 宁夏 | 0 | 2 | 1 | 1 | 1 | 1 | 1 | 0 | 0 | 0 | 0 | 0 | 2 | 1 | 2 | 2 | 2 | 1 | 1 | 1 | 1 | 稳定 |
| 新疆 | 4 | 4 | 4 | 3 | 4 | 2 | 2 | 2 | 3 | 4 | 3 | 3 | 4 | 4 | 4 | 2 | 4 | 5 | 4 | 6 | 2 | 稳定 |
| 陕西 | 8 | 6 | 7 | 6 | 7 | 7 | 8 | 9 | 9 | 8 | 6 | 6 | 6 | 7 | 7 | 7 | 7 | 8 | 9 | 10 | 2 | 稳定 |
| 安徽 | 6 | 9 | 7 | 10 | 11 | 10 | 9 | 11 | 12 | 12 | 12 | 13 | 12 | 12 | 14 | 14 | 12 | 10 | 9 | 8 | 2 | 稳定 |
| 甘肃 | 2 | 4 | 4 | 4 | 3 | 4 | 2 | 3 | 3 | 3 | 4 | 4 | 4 | 4 | 4 | 5 | 5 | 5 | 5 | 6 | 4 | 稳定 |
| 广西 | 3 | 6 | 4 | 6 | 4 | 4 | 5 | 5 | 4 | 4 | 5 | 6 | 6 | 6 | 6 | 6 | 6 | 6 | 8 | 7 | 4 | 稳定 |
| 重庆 | 9 | 10 | 9 | 8 | 8 | 9 | 9 | 10 | 10 | 9 | 12 | 13 | 12 | 11 | 12 | 12 | 13 | 14 | 15 | 13 | 4 | 稳定 |
| 四川 | 8 | 9 | 7 | 10 | 9 | 10 | 10 | 11 | 10 | 10 | 13 | 15 | 13 | 14 | 14 | 15 | 13 | 14 | 15 | 14 | 6 | 增加 |
| 河北 | 15 | 17 | 13 | 20 | 21 | 14 | 16 | 16 | 15 | 20 | 24 | 24 | 23 | 26 | 24 | 23 | 24 | 23 | 23 | 24 | 9 | 增加 |
| 福建 | 9 | 7 | 9 | 8 | 10 | 13 | 11 | 8 | 8 | 9 | 9 | 8 | 9 | 8 | 10 | 9 | 10 | 13 | 17 | 18 | 9 | 增加 |
| 山东 | 39 | 35 | 37 | 38 | 40 | 38 | 38 | 51 | 56 | 52 | 48 | 46 | 46 | 51 | 49 | 46 | 51 | 50 | 47 | 50 | 11 | 增加 |
| 浙江 | 29 | 31 | 42 | 42 | 47 | 45 | 43 | 37 | 46 | 44 | 42 | 48 | 45 | 48 | 44 | 43 | 48 | 43 | 43 | 45 | 16 | 增加 |

但总体来看，2021年与2002年相比，出现区域分布调整的企业仅有72家，在中国500强中占比仅为14.4%，不足同期产业分布调整比例的34.8%的一半，主要是受企业营业收入变动引起的上榜与否的影响。

从中国500强主要聚集的省市来看，北京由于首都的强大优势，在500强数量方面一直遥遥领先，长期保持在100家左右的水平，占中国500强的20%。排在其后的5个省市分别为广东、山东、江苏、浙江和上海，截取2002、2011和2021年数据可以看到，5个省市500强数量一直保持在除北京之外的前5位，仅在2～6位之间的排名前后顺序有所变化。2002年5个省市合计拥有500强229家，2011年212家，2021年229家，在中国500强中占比超过40%，上述5省市2019年国民生产总值占当年全国国民生产总值的38.44%，中国500强的区域集中特点与全国各省市经济发展格局显著重合，如表2-3所示。

**表2-3 中国500强分布前10的省市地区**

| 排名 | 省市 | 2002年 | 省市 | 2011年 | 省市 | 2021年 |
|---|---|---|---|---|---|---|
| 1 | 北京 | 102 | 北京 | 100 | 北京 | 93 |
| 2 | 广东 | 66 | 山东 | 52 | 广东 | 58 |
| 3 | 上海 | 50 | 江苏 | 49 | 山东 | 50 |
| 4 | 江苏 | 45 | 浙江 | 44 | 浙江 | 45 |
| 5 | 山东 | 39 | 广东 | 37 | 江苏 | 43 |
| 6 | 浙江 | 29 | 上海 | 30 | 上海 | 33 |
| 7 | 辽宁 | 17 | 天津 | 22 | 河北 | 24 |
| 8 | 河北 | 15 | 河北 | 20 | 福建 | 18 |

续表

| 排名 | 省市 | 2002 年 | 省市 | 2011 年 | 省市 | 2021 年 |
|---|---|---|---|---|---|---|
| 9 | 天津 | 15 | 辽宁 | 16 | 四川 | 14 |
| 10 | 河南 | 11 | 河南 | 15 | 重庆 | 13 |

按照东部地区、中部地区、西部地区以及东北地区对中国 500 强经济区域分布进行梳理，如图 2-6 所示。明显能看到东部地区中国 500 强数量突出，过去近 20 年来都保持在 350 家以上水平，这主要是由于上述中国 500 强聚集省市大部分在东部地区。

西部地区中国 500 强数量在过去近 20 年中增长最为明显，从 2002 年的 48 家增至 2021 年的 70 家。以往中西部地区的大企业往往都是 20 世纪 50、60 年代建设兴起的大型企业，为中西部地区工业化发展奠定了坚实的基础。而 21 世纪以来，面向国内的“西部大开发”战略与面向全球的“一带一路”建设都使西部地区获得了前所未有的发展机遇，一方面是本地企业快速崛起，另一方面是一些已经初具规模的外地企业将总部迁至西部地区，把握发展红利，使西部地区的中国 500 强数量在 2002 年与中部地区相同的情况下，在 2021 年实现了 21 家的超越。

东北地区过去近 20 年的中国 500 强数量持续减少，这也是该地区资源外流的一个缩影。2021 年公布的第七次全国人口普查结果显示，东北地区人口所占比重下降最明显，2020 年东北三省人口共计 9851 万人，比 10 年前减少了 1101 万人，降幅达到 10%。同样，2021 年东北地区中国 500 强上榜企业数量也从 2002 年的 32 家、2011 年的 24 家，逐渐减少至 10 家，降幅分别为 68.75% 和 58.33%。

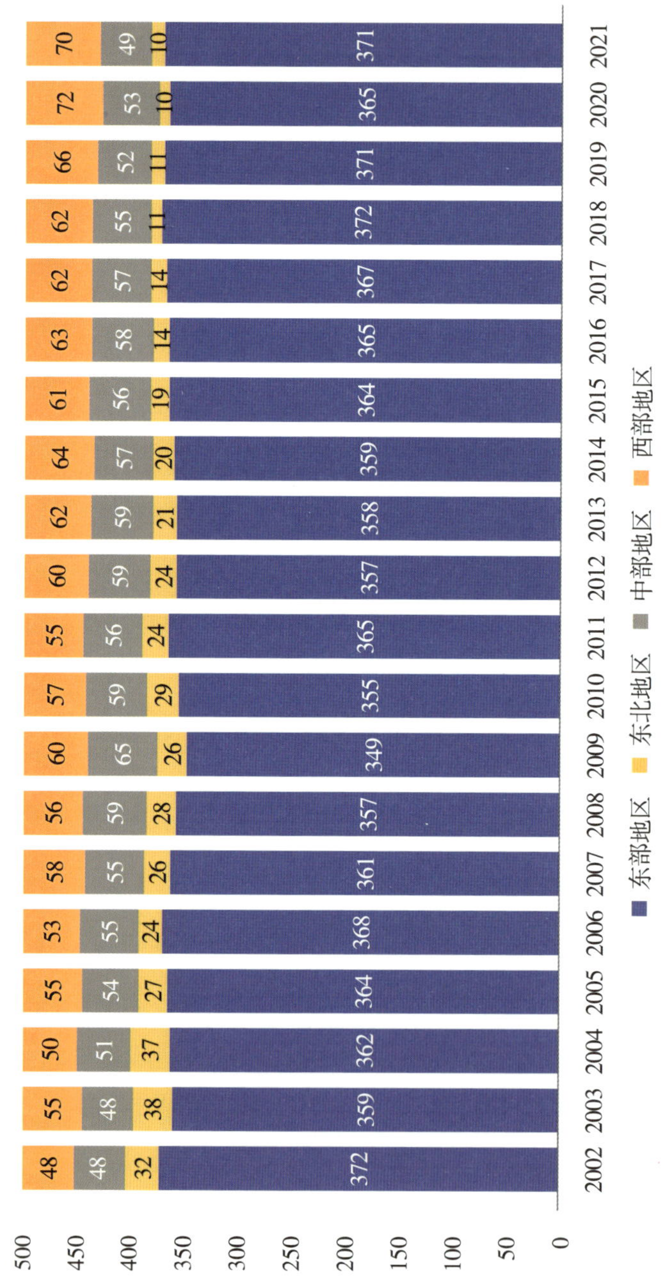


图 2-6 东部、东北、中部、西部地区中国 500 强分布

中部地区中国 500 强的数量变化幅度最小，从 2002 年至 2021 年，最多时达到 59 家，最少时也保持在 48 家，总体来看基本保持在 50 家左右。

## 二

## 核心经济圈集中化

在经济资源条件自发汇聚与国家政策积极引导下，目前我国已经基本形成了包括京津冀、粤港澳、长三角、成渝和长江中游的五大经济圈。

进一步将中国 500 强根据所属经济圈进行划分，可以看得到 500 强的区域转移幅度更小，而区域集中程度更高，如图 2-7 所示。

2002 年至 2021 年，中国 500 强中非五大经济圈企业的数量一直保持在 137 家左右，占比约为 27.4%，相应五大经济圈中国 500 强数量占比为 72.6%。这一比例以过去 20 年非五大经济圈中国 500 强数量最高时的 158 家计算则为 31.6%：68.4%；而以非五大经济圈中国 500 强数量最低时的 131 家计算，则为 26.2%：73.8%。

即便当前交通、通信已经非常发达，也依然可以看到中国企业在地域分布上的巨大差别与中国市场在地域上的复杂多样。社会、经济和企业的发展需要人为力量的推动，但不能违反成长的自然规律和变革的合理节奏，其中既有科学和技术进步规律的约束，又有经济和市场系统生态发展规律的约束，这不是人为可以随意改变的。

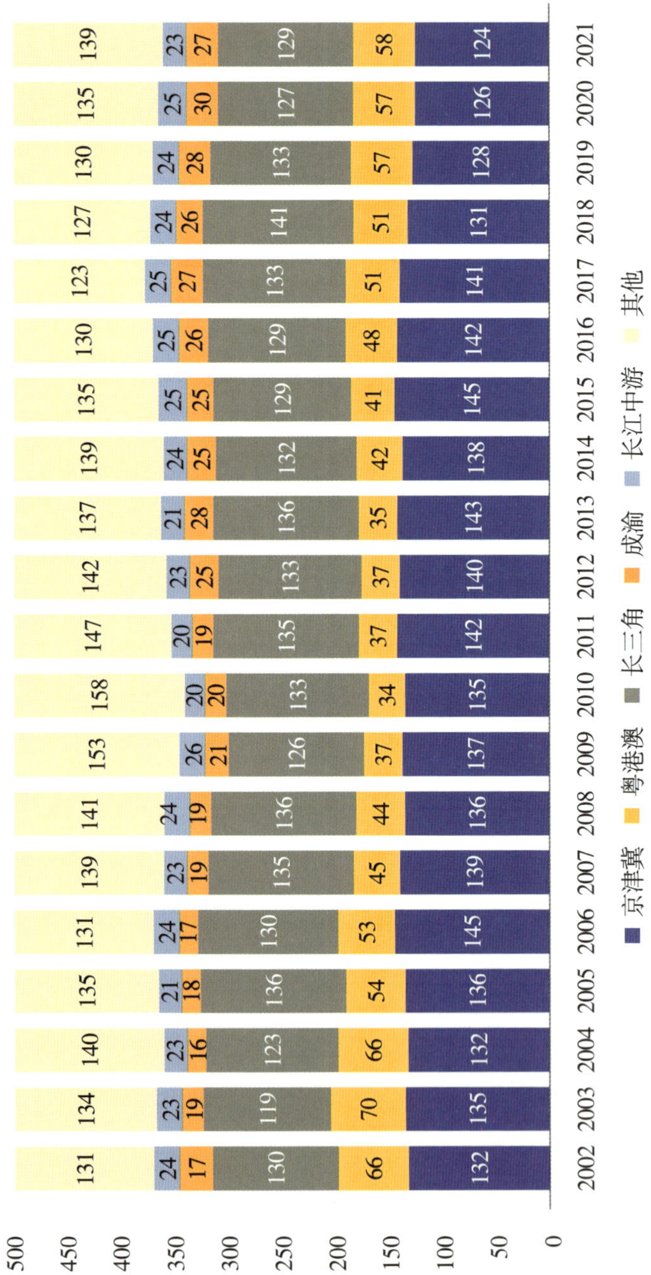


图 2-7 五大经济圈中国 500 强分布

我们认为，以大企业为核心，以人、财、物、信息等资源的复杂而自然的流动所形成的“三七律”地域分布是中国地域经济发展的客观规律。既然是规律，就可以在一定程度上和一定时期内影响它，但无力从根本上改变它，最终不得不服从于它。“五五”是主观平衡，“三七”是客观平衡。企业成长和地域选择是个重大决策，必须遵循企业成长的客观规律。

当然任何结果都不是某一个原因造成的，至少有三个以上的原因。中国企业目前的空间结构布局至少受人才因素、市场因素、资源因素、竞争因素和政策因素等多方的影响所致，其中特别是人才因素，企业地域布局不得不跟着人才走，各地政府的人才吸引政策和人才的流入地就是企业成长发展的重要环境因素。

向未来看，企业的地域布局不仅是选择东部沿海和五大经济圈，还可能更倾向于建设产业生态圈。生态的本质就是企业要掌握“活下去”所必需的核心技术和专利，掌握足够的占有率以及行业规则的制定权，这包括产业链、供应链、平台化和备灾机制等的建设。

## 小结

**以大企业为核心，以人、财、物、信息等资源复杂而自然的流动所形成的向五大经济圈集中的中国 500 强“三七律”地域分布，是中国地域经济发展的客观规律，而伴随着地域的集中，产业生态圈建设的重要性也将愈发突出。**

## 第三节

# Section 3

## 技术创新

第一章第一节的四个指标已经显示出了中国500强“新”的突破情况，这里我们将通过与发达国家企业的比较，分析中国500强技术创新途径的总体水平和走向。

### 一

### 投入增，提升快，竞争烈

自2005年进行企业研发费用统计以来，中国500强中提供研发费用的企业数量基本保持在420家左右，从这些企业研发费用合计来看，中国500强的研发投入规模与企业研发费用平均值均保持稳定增长态势，如图2-8所示。

具体来看，中国500强研发费用一直保持高速增长，随着企业营收增速的趋缓，研发投入强度则进一步提升，如图2-9所示。

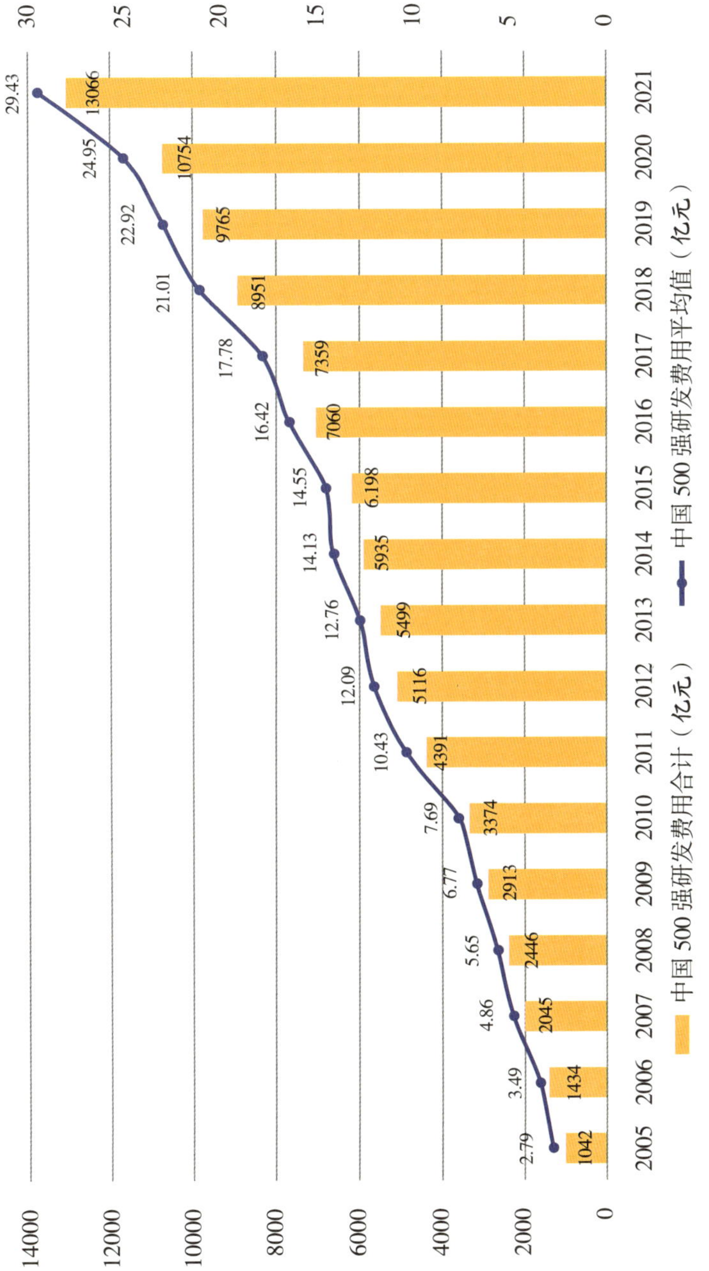


图 2-8　中国 500 强研发费用变化趋势

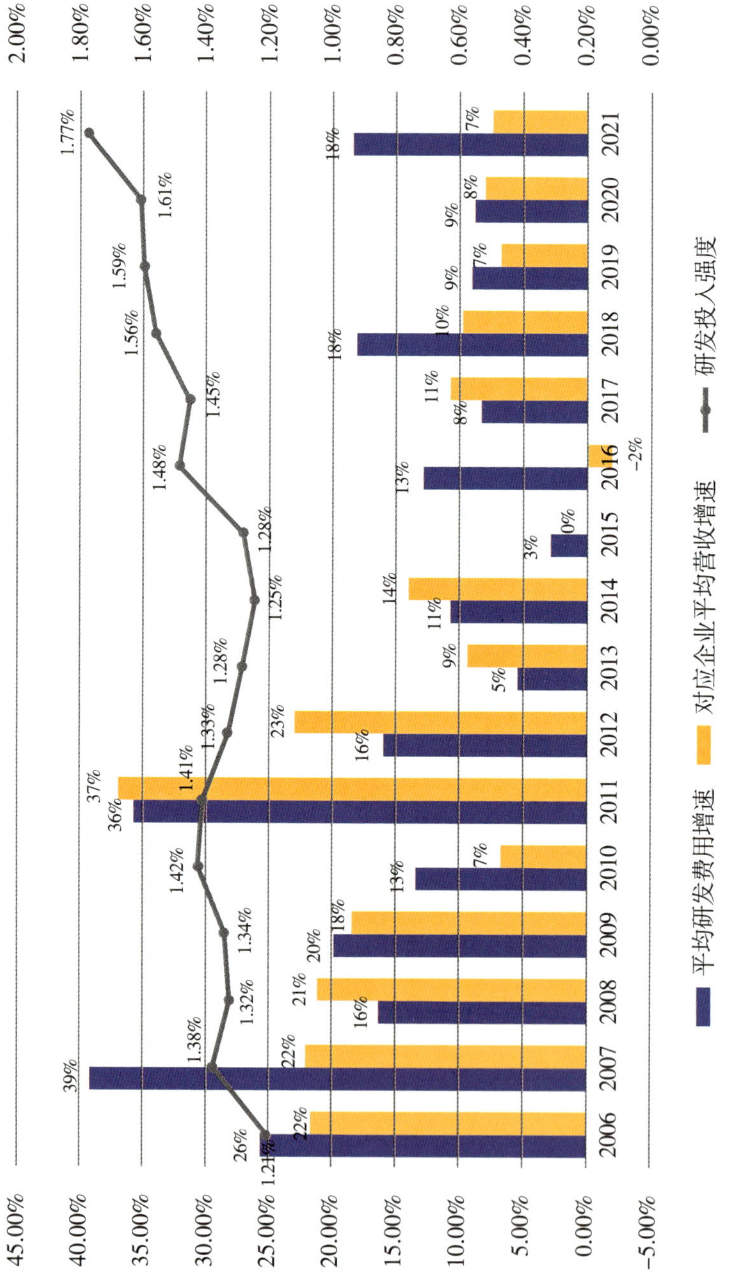


图 2-9 中国 500 强平均研发费用增速、营收增速与研发投入强度变化趋势

“十一五”规划时期，中国 500 强研发费用增速最快，2006—2010 年企业平均研发费用的年均增速为 22.9%，高出对应企业平均营收年均增速 18.04% 四个百分点，此时中国 500 强的年均研发投入强度为 1.34%。

“十二五”规划时期，中国 500 强的研发费用增速略有放缓，2011—2015 年平均研发费用年均增速为 14.18%，这一时期由于上述 420 余家企业营收增速进一步提高，年均达到 16.68%，使此时中国 500 强的年均研发投入强度所有下滑，降至 1.31%。

“十三五”规划时期，中国 500 强的研发费用增速继续放缓，2016—2020 年平均研发费用年均增速为 11.45%，但这一时期由于对应企业营收增速大幅下降至 6.58%，使中国 500 强的研发投入强度不断创下历史新高，2018 年、2019 年和 2020 年分别达到 1.56%、1.59% 和 1.61%。在企业规模增速放缓的大背景下，继续保持研发费用的高速增长，正是处于转型换挡阶段的中国大企业积极增强创新驱动力的体现。2021 年，中国 500 强的研发投入强度更是达到了 1.77% 的历史新高。

我们通过观察全球企业研发投入记分牌显示的数据，进一步考察中国大企业与国外大企业的研发投入异同。欧盟产业研发与创新经济学项目（The Economics of Industrial Research & Innovation，IRI）每年定期发布的全球企业研发投入记分牌包含了全球研发投入最多的 2500 家企业的研发投入数据与部分基础财务数据，如图 2–10 所示。

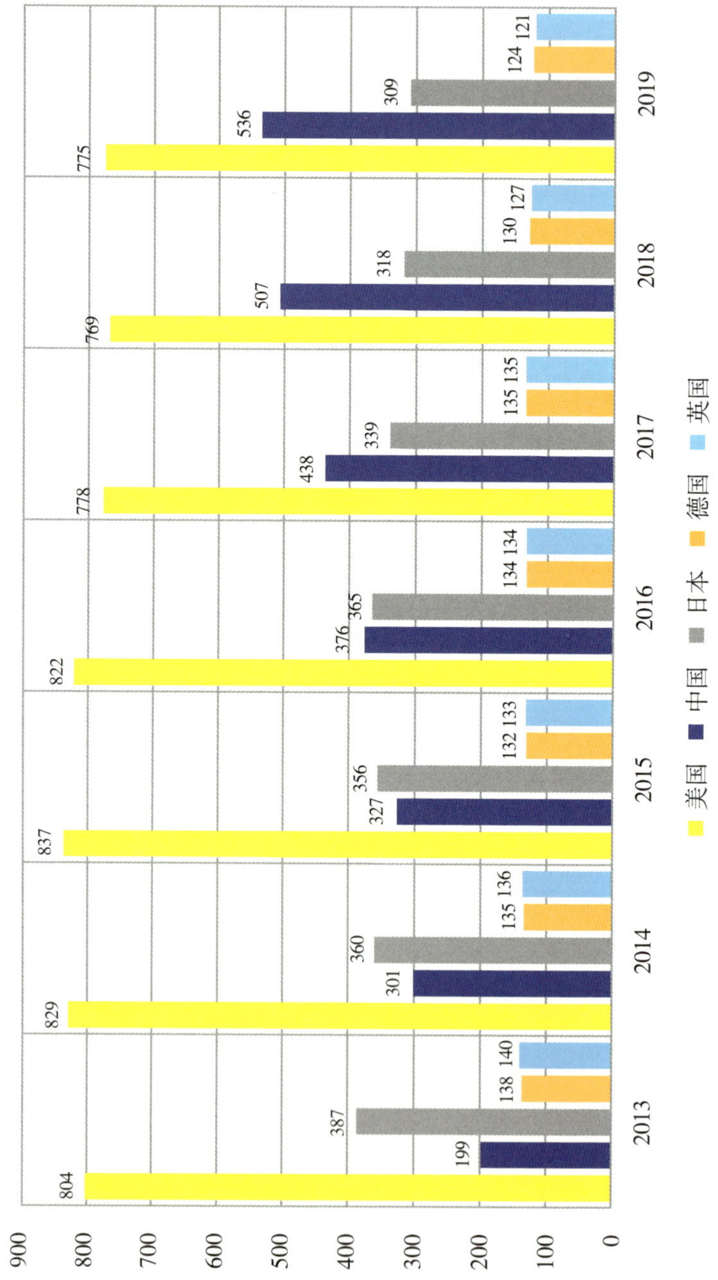


图 2-10　全球创新 2500 强国别分布

可以看到，2013年中国进入全球高研发投入2500强的企业数量仅为199家，而当时排名第一位的美国入榜804家，排名第二位的日本入榜387家。彼时入榜门槛仅为0.155亿欧元，根据当时的汇率折算约为1.24亿元人民币。

而到了2016年，中国入榜企业数量已经达到376家，超过日本的365家，成为第二位，同时美国入榜企业的数量也有所增长，达到了822家。彼时入榜门槛为0.24亿欧元，约为1.75亿元人民币。

2017—2019年，中国入榜企业数量继续保持稳步增长，分别达到438家、507家和536家，美国入榜企业数量则均降至800家以下，总体呈现减少趋势。2019年，2500强入榜门槛已经增至0.37亿欧元，约为2.88亿元人民币。华为以167.12亿欧元的研发投入规模超越三星和苹果，仅次于Alphabet和微软，成为全球第三大研发投入公司，它竟然占所有上榜中国公司研发投入的16%。

我们从以上数据获得了两点启示。

第一，可以说我国优秀企业的研发投入水平提升速度有目共睹，充分体现了“中国速度”，也引起了竞争对手的警觉。

在全球高研发投入2500强入榜门槛不断提升的背景下，中国高研发投入企业数量依旧实现了快速增长。2013—2019年，入榜门槛从1.24亿元增至2.88亿元，提升超过1倍，而入榜中国企业数量则从199家增至536家，增幅接近170%。

第二，可以将2016—2017年看作一个中国参与全球研发创新竞争的重要转折节点，在取得一定成绩的同时要注意后续的竞争环境更加严峻！

从直观数据可以看到，2016年中国超过日本成为入榜企业数量第二多的国家，2017 年中国入榜企业数量超过美国的半数，这也是此前排名第二位的日本一直想达到的目标。

欣喜的同时，中国企业更要倍加清醒。进一步分析以上数据可以看到，至 2016 年，美国入榜企业数量均在 800 家以上，并有小幅增长趋势，而进入 2017 年，美国入榜企业数量锐减了 40 余家，且此后一直未能明显回升。说明中国企业在 2017 年之前超越的更多是非美国的企业对手；而进入 2017 年以后，中国企业与美国企业的入榜席位之争日趋明显和突出。

未来中国大企业作为我国科技创新的重要主体，其研发创新的战略和战术工作必将更加紧迫！

## 二

## 战略性行业中四个领域表现突出

技术创新的战略之一就是聚焦战略性行业。我们进一步将中国 500 强中提供了研发费用数据的 400 余家企业进行行业领域划分，将各行业领域企业研发费用平均值显示，自“十一五”规划以来，中国 500 强中各行业领域的企业研发费用均出现大幅增长，但尤以计算机、通信设备及其他电子设备制造企业，防务领域企业，电信及互联网信息服务企业，以及交通运输设备及零部件制造企业四大行业表现最为突出。

“十一五”规划末期的 2010 年，中国 500 强中计算机、通信设备及其他电子设备制造行业企业平均研发费用达到 52.47 亿元，基本相当于其后防务企业的 28.78 亿元与电信及互联网信息服务企业的 24.38 亿元之和。其他平均研发费用超过 10 亿元的行业还有交通运输设备及零部件制造、采矿业和公用事业服务，如图 2-11 所示。

“十二五”规划末期的 2015 年，中国 500 强研发投入平均值排名前三位的行业没有改变，但电信及互联网信息服务行业取代了防务行业第二名的位置。这一时期，计算机、通信设备及其他电子设备制造行业企业研发费用平均值与“十一五”规划末期相比出现大幅提升，达到 119.97 亿元，并大幅超过第二位电信及互联网信息服务企业和第三位防务企业平均研发费用之和的 96.04 亿元，高研发投入特性突出。其后的交通运输设备及零部件制造企业、采矿业企业平均研发费用均突破 30 亿元，消费品生产企业、机械设备企业、建材生产企业、金属产品企业和金融业企业的平均研发费用也都超过了 10 亿元，如图 2-12 所示。

“十三五”规划末期的 2020 年，中国 500 强研发投入平均值对应行业的前三位出现了调整，交通运输设备及零部件制造取代了防务行业第三名的位置。这一时期，计算机、通信设备及其他电子设备制造行业企业研发费用平均值继续保持了大幅增长的态势，达到 189.34 亿元，基本相当于其后电信及互联网信息服务企业、交通运输设备及零部件制造企业和防务企业三者之和。当然这三个行业领域的企业平均研发费用增长也不容小觑，电信及互联网信息服务企业平均研发费用与“十二五”规划同期相比，增幅超过 40 亿元，接近 100 亿元大关；交通运输设备及零部件制造与其后的防务领域企业平均研发费用也都突破了 50 亿元。在 26 个行业大类中，中国 500 强已有 16 个行业领域企业的平均研发费用超过 10 亿元，如图 2-13 所示。

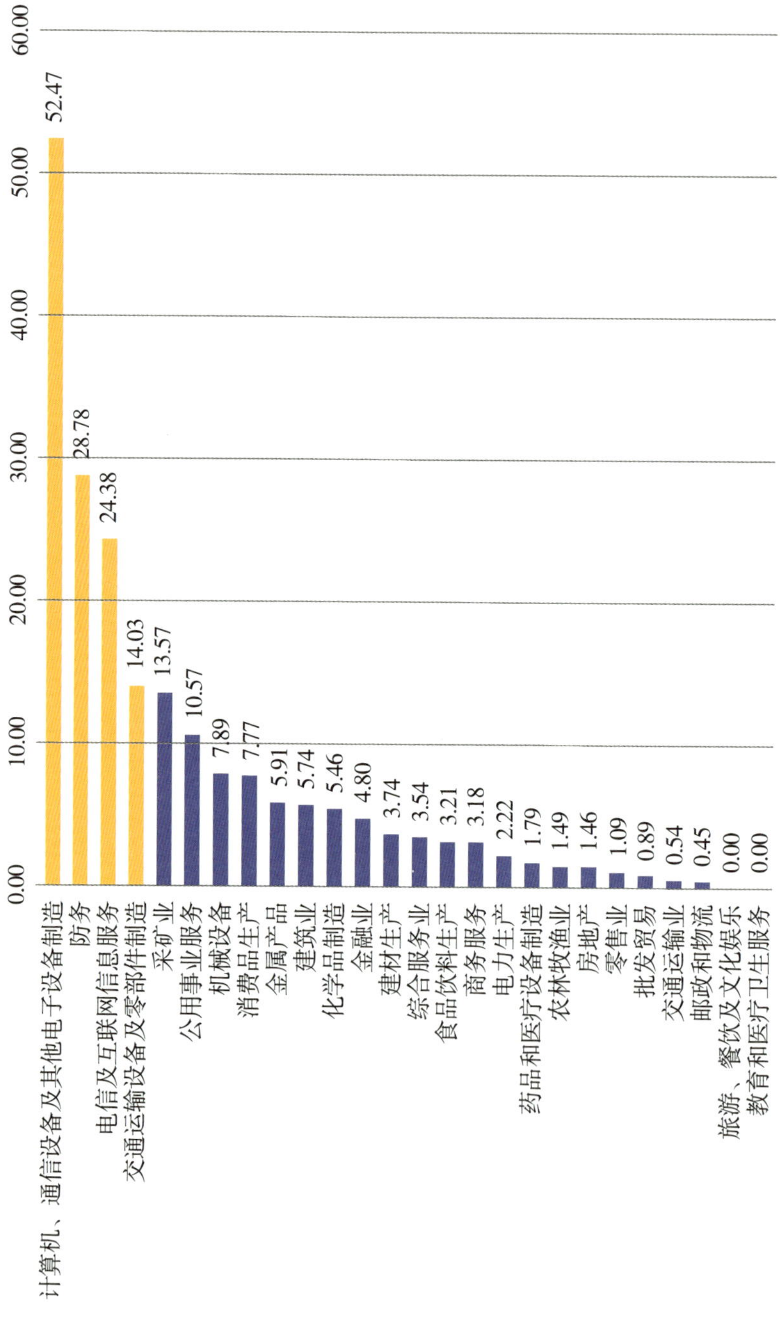


图 2–11　2010 年中国 500 强分行业企业研发费用平均值（亿元）

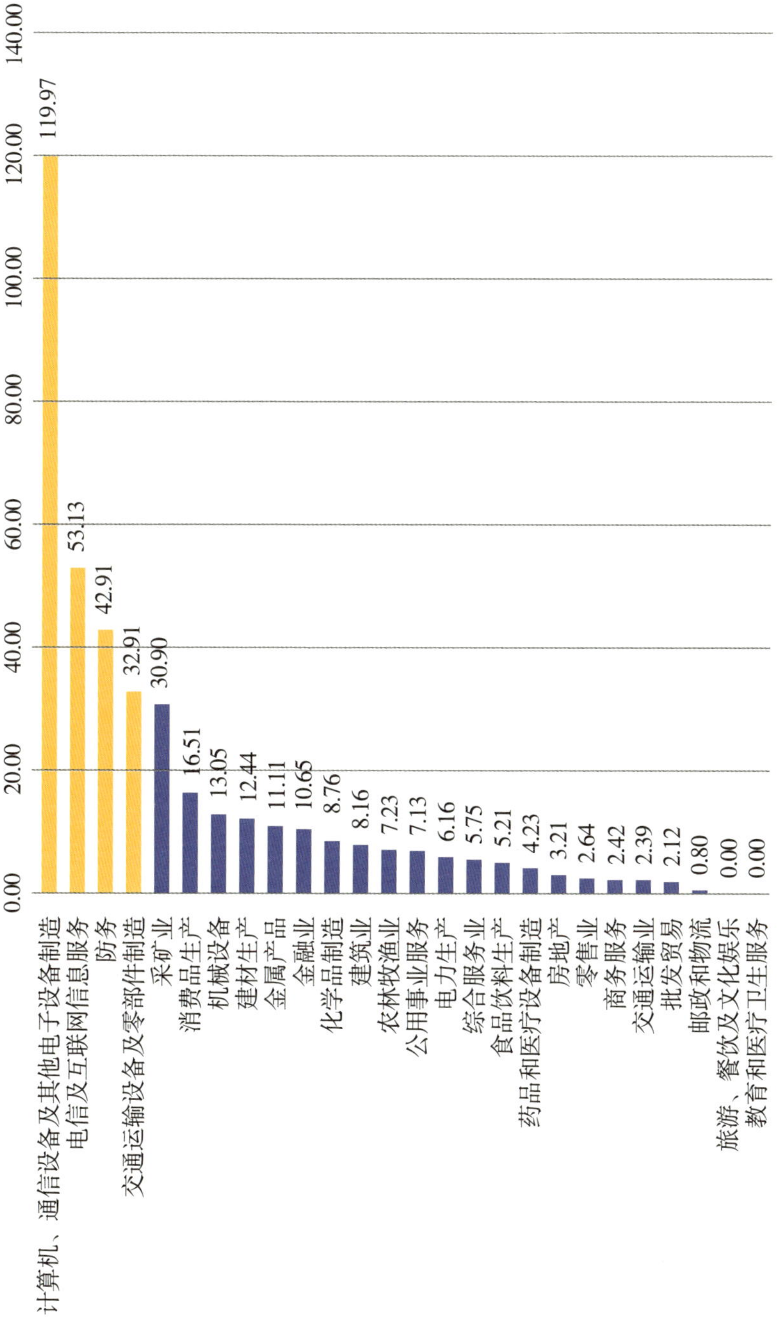


**图 2-12 2015 年中国 500 强分行业企业研发费用平均值（亿元）**

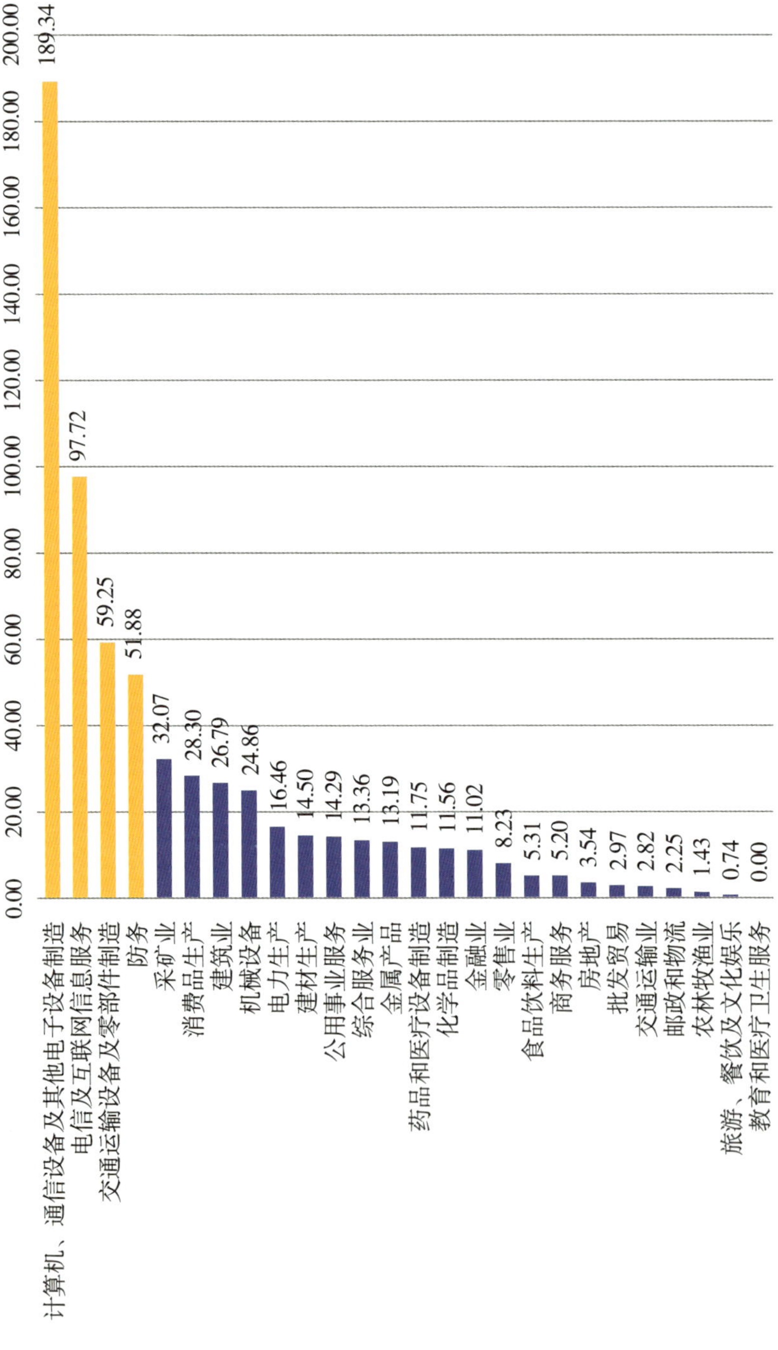


图 2–13　2020 年中国 500 强分行业企业研发费用平均值（亿元）

20 年来，四大行业企业的研发投入增长速度格外突出，这些行业的技术创新推动了其他行业的信息化、网络化和效率化，同时也成了美国与中国竞争最激烈的领域。中国企业必须更加坚定不移地继续加强这些行业的技术创新力度。

## 三

## 以高效产出牵引研发投入

技术研发是手段，实现创新价值才是目的，企业在关注研发投入的同时更要关注研发的产出，这里的产出不仅仅是论文和标准，更重要的是这些论文和标准后面所实现的技术专利和经济效益。这其实就是企业技术研发创新所对应的四个阶段：基础研究阶段、资源投入阶段、形成权利阶段和实现收益阶段，如图 2-14 所示。

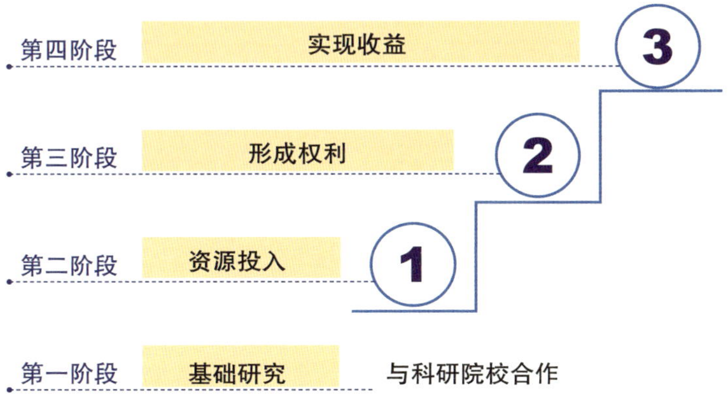


图 2-14　企业技术创新的四个阶段

从基础研究、技术研发资金和人员投入到新工艺、新技术或新型商品的产生都不是一蹴而就的，从技术试验、形成产品、规模化生产到销售盈利、获得稳定市场都需要较长的时间周期运转。所以，研发投入在当期并不一定能够发挥突出的作用，只有进入生产、销售环节，才能将科学技术转变为生产力，从而获得营业利润，正是这种在技术创新领域的滞后效应与积累效应，让中国企业必须有长期坚持的信念和投入机制保证。

我们在产业升级一节说过，中国大企业用 20 年时间走过了美国 60 年的产业升级道路，那是因为有前车之鉴，有标杆经验可供参考，但现在部分中国大企业已经进入技术引领阶段，一方面要强化基础理论研究，另一方面又要由更关注研发投入转向更关注研发产出——如实现有价值的专利、标准和切实的经济收益。

**在资源投入阶段，有三点非常重要。**

第一点是投入资金的来源很重要。如果企业身处产业链低端环节，利润微薄，没有更多资金进行技术研发投入怎么办？只有勒紧腰带，激励员工投入和奋斗，让股东少分钱多投资，集中所有力量搞研发，实现追赶和超越，形成技术创新和创值的良性循环，摆脱技术落后的窘境。

第二点是资金投入的方向很重要。企业是要投入到可以立竿见影获得收益的原有产品技术升级改造，还是要投入到五年、十年后才能全面实现经济价值的前瞻性、共性研究领域？企业需要在其中平衡取舍，在符合战略大方向的十年处放一颗芝麻，在五年处投一根黄瓜，在一年处放一个西瓜，这可能是一种好方法。

第三点是资金投入的分配很重要。企业是投入到技术研发的资产设备添置上，还是投入到给科技人才足够的奖励力度上？一个是资产不断折旧、贬值的过程，一个是科研人员创造力不断释放的过程，答案不言而喻。

在形成权利阶段，企业要区分什么是有价值的专利权利。

我们认为专利价值也分三六九等：三流企业拥有的是“保护型专利”，花钱研发和申请专利的目的只是为实现技术占有；二流企业拥有的是“交换型专利”，研发的技术可做到交叉许可，实现技术合作；一流企业拥有的是“商品型专利”，通过专利授权获取收益，实现技术回报；超一流企业拥有的是“控制型专利”，通过领先专利推动标准形成，构建技术壁垒。

在实现收益阶段，企业不能依赖政策补贴，要使权利真正变成收益。华为提供了很好的示范。华为2021年第一季度财报显示，公司当期营业收入1500.57亿元，虽然与2020年同期的1806.14亿元相比减少约17%，但是净利润从2020年同期的133.04亿元增至168.5亿元，同比增长26%，净利润率同比增长3.8%，达到11.1%。实现这一增长的重要因素之一是华为获得了一笔约40亿元人民币的专利许可费用。

## 小结

**伴随着全球技术竞争日趋激烈，中国500强研发投入规模持续扩大，研发投入增长持续加快，计算机、防务、电信和交运设备等行业领域持续引领创新投入的增长。未来，如何实现创新投入的高效产出将是企业关注的重点。**

## 第四节
## Section 4
## 国际经营

### 一
### 国际经营稳步推进

自中国加入世界贸易组织以来，中国企业国际化经营逐步从追求速度向追求质量转变。党的十六大报告提出要“形成一批有实力的跨国企业和著名品牌”；党的十七大报告又进一步指出“支持企业在研发、生产、销售等方面开展国际化经营，加快培育我国的跨国公司和国际知名品牌”。这一阶段中国企业国际化经营越来越多地采用了跨国并购方式。

2014年“一带一路”倡议的提出使我国企业的国际化经营迎来了巩固提升的新阶段，呈现出新特征。一方面，沿“一带一路”的国际化布局加快发展，2014年中国企业对“一带一路”沿线国家的直接投资流量为136.6亿美元，2015年增至189.3亿美元，2016年为 153.4 亿美元，2017 年为 201.7 亿美元，2018 年为 178.9 亿美元；另一方面，国家也加强了对企业国际化经营的规范与指导。从 2016 年以来，国家监管层对中国企业“走出去”的管理日趋精细化，不断优化对外投资结构，促进中国企业对外投资健康有序发展。

过去 10 年，中国 500 强跨国指数一直保持在 10% 左右，而其中海外资产规模最大的前 100 家企业的跨国指数则基本保持了不断增长的状态。但自 2018 年以来，这一增长态势明显趋缓，2019 年与 2018 年相比，2020 年与 2019 年相比，跨国 100 强跨国指数增幅仅为 1.01% 和 0.88%，2021 年这一指数更出现了近年来的首次下降，可以说中国领先跨国企业的国际化发展已经进入到从规模增长向质量提升的转变时期，如图 2–15 所示。

进一步从区域角度来看，过去 10 年，东部、中部、西部和东北地区参与跨国经营的企业数量均出现了不同程度的变化。其中，“一带一路”倡议的落地，为中国 500 强，特别是地处西部地区的中国 500 强提供了空前的海外发展机遇，如图 2–16 所示。

从数据来看，东部地区参与跨国经营的中国 500 强数量长期保持第一，2021 年为 221 家，在全部参与跨国经营的中国 500 强中占比高达 71.29%，其跨国经营收入合计达到 7.47 万亿元。

参与跨国经营的中国 500 强数量排在第二位的是西部地区，从 2010 年时与中部地区相同的 28 家增至 2021 年的 49 家，是我国参与跨国经营企业数量增长最快的地区，与 2010 年相比，2021 年参与跨国经营企业数量增幅达到 75%，远高于东部地区的 22.78%。

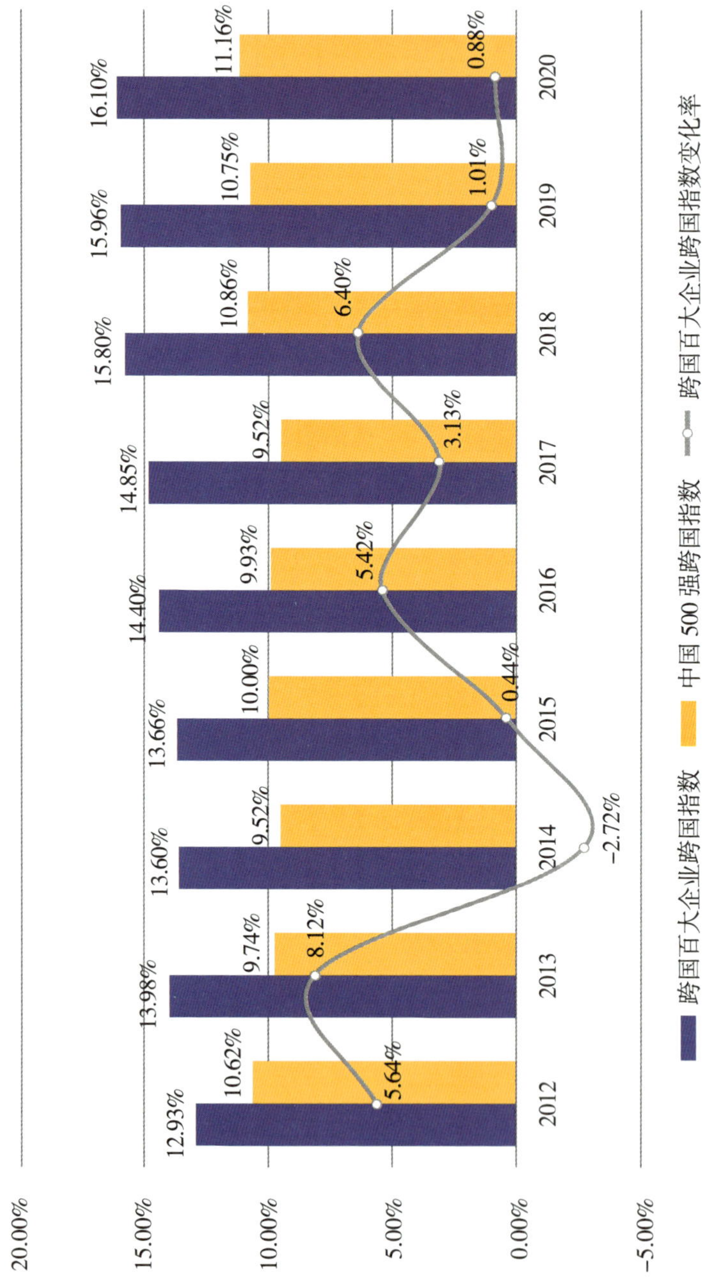


图 2-15　2012—2020 中国 500 强及跨国百大企业跨国指数变化趋势

图 2-16　中国 500 强实现海外收入的企业数量

中部地区参与跨国经营的中国 500 强数量在过去 10 年未出现明显变化，普遍保持在 30 家左右；而东北地区则出现明显减少，从 2010 年的 11 家减少至 2021 年的 6 家。

从产业角度来看，中国 500 强中制造业企业的国际化程度明显高于服务业企业。2021 年中国 500 强中，参与跨国经营的制造业企业占比为 58.78%，而服务业企业占比仅为 34.69%，剩余比重为其他领域企业所占有。而 2020 年中国 500 强中的制造业企业跨国指数为 14.29%，也明显高于服务业企业的 7.21%，与服务业企业相比，制造业企业更快、更早地走出了国门，进入了国际市场。

具体来看，在 26 个行业大类中，计算机、通信设备及其他电子设备制造企业海外营收在企业总营业收入中占比最高，达到 33%，即中国 500 强中参与跨国经营的电子制造企业三分之一的收入来源于海外市场，远高于其他行业领域企业，如图 2-17 所示。

这其中，尤以华为最有代表性。2020 年，华为营业收入为 8588.33 亿元，其中海外营业收入 3330.18 亿元，占比达到 38.78%。在此之前的 10 年时间，华为的海外营收占比平均在 60% 左右。这一成绩与华为长期的海外市场布局有着密切关系，通过积极的本地化策略和有效的海外并购布局，华为积累了广泛的海外市场资源。同时，针对不同的海外市场开展产品创新与合作推广，使华为在主要海外市场获得了较高的市场份额。但由于近年来的重大外部环境变化，中国企业未来的国际化发展形势逐渐严峻，这是每个中国 500 强走出国门后都将经历的考验。

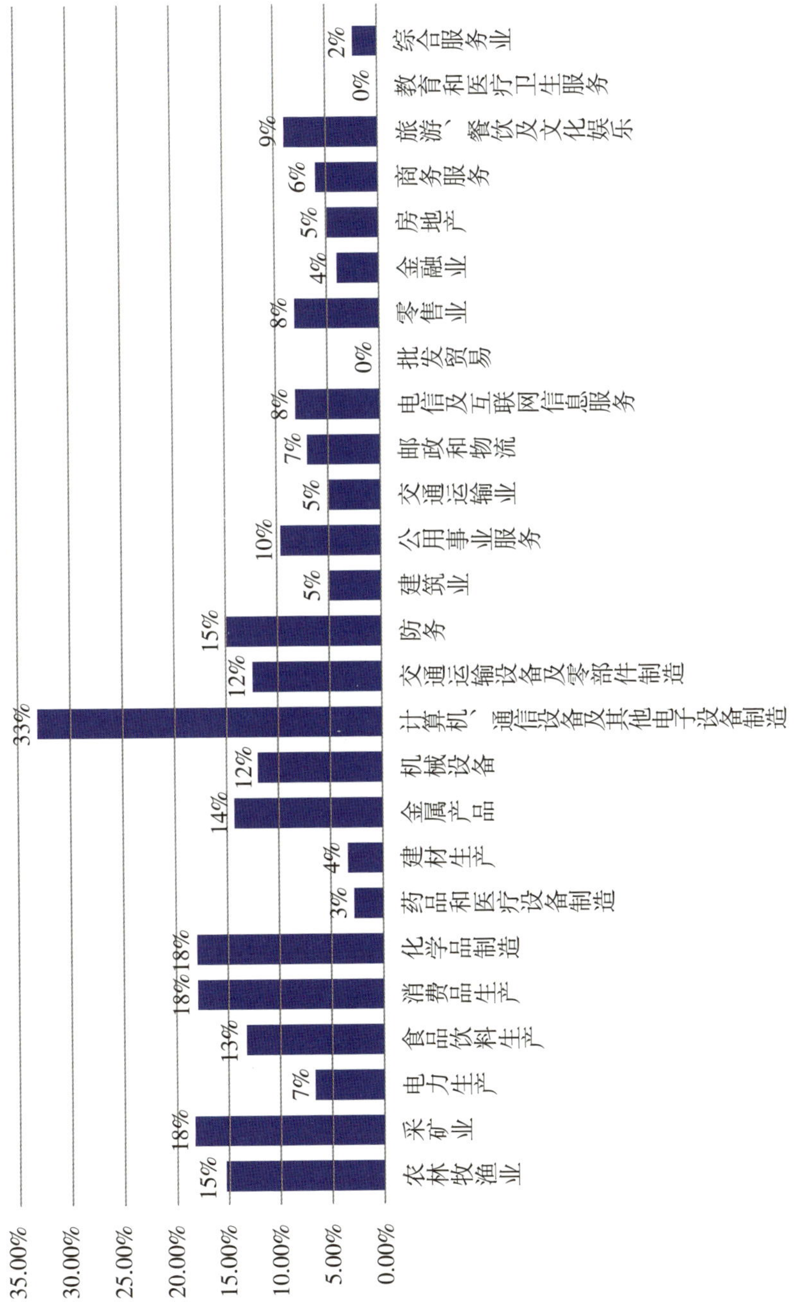


图 2-17　2020 年中国 500 强各行业海外收入在企业总收入中占比

## 二

## 战略性的海外布局

中国国内市场本来就极其广阔，中国企业不能僵化地与德国、日本、美国甚至国内市场更小的国家去比较国际化程度，更不能在发达国家已经基本分割完全球市场的情况下，缺乏战略重点地做全面投资，在“一带一路”倡议引领下，企业国际化战略的实施也是要有阶段性、区域性的、更聚焦和更具协议性的布局才行。

中国企业国际化的推进工作是一个“走出去”和“拿进来”并行的过程，在“走出去”方面不仅要让企业人员、资产走出去，还要让产品、服务走出去，更要让管理、模式走出去。在“拿进来”方面，要把资源的控制权拿进来，要把产业的控制权拿进来，要把金融货币的控制权拿进来，特别是对产业的控制权，企业在其中大有可为。

中国企业在基础农林矿产领域的控制力尚有欠缺；在制造业领域已经具有了完备的工业体系，但仍有部分高技术领域受制于人；在服务业领域，流通业在逐步赶上，但交易结算类服务还不太完善，造成这一结果的原因是传统产业的国际分工已经被发达国家框定了。

中国企业的国际化经营要想逐步突破这种被动的国际分工，就要往“第四产业”层面发力。

第四产业是不同于第一、第二和第三产业中的传统服务业的数据产业（**或称知识产业、信息产业**），一般包括智能化，医疗相关研发，高新科学器材的技术以及教育事业投资，通信信息产业，以及社会公共性和行政管理职能性的产业等。中国企业联合会推出的 5 个企业榜单中，制造业 500 强榜单、服务业 500 强榜单和战略新兴产业 100 强榜单基本符合第二产业、第三产业和第四产业的基本分类。现在，电子商务、数据消费、现代供应链、互联网金融等新技术和新模式日新月异，新型数据服务业正成为创新创业的热点。国家统计局公布的 2018 年数据显示，租赁和商务服务业，信息传输软件和信息技术服务业增加值占第三产业增加值比重分别升至 5.2% 和 6.9%，合计 12.1%。

有新的产业分类就有相应的贸易分类，贸易也分为第一贸易、第二贸易、第三贸易和第四贸易，分别是农矿产品贸易、工业品贸易、服务贸易以及技术和数据贸易。欧盟发布的《通用数据保护条例》（GDPR）力图掌握在数据生产和贸易领域的规则和标准制定权。目前中国企业只是在包括农矿产品贸易和工业品贸易在内的货物贸易上比较发达，产生货物贸易顺差，但在服务贸易及技术和数据贸易上则是逆差，它们是我国企业现在和未来发展的战略空间。

国际化的前提是区域化，过于分散的国际化布局在区域没有站稳脚跟前存在很大风险。所以中国企业在海外发展的过程中应该先区域化再半球化，最后发展至全球化。首先要形成区域圈，围绕物流与信息流，围绕理念与文化形成大中华圈，强化圈层内企业间的深入协作与融合；其次以“一带一路”为桥梁，连通欧亚非大陆，形成半球圈；最后进一步收缩企业海外，特别是在北美洲地区的低端产业规模，最终形成国际经营的两强化格局。

## 小结

中国 500 强国际化经营水平日趋稳健，逐步从追求速度增长向追求质量提升转变，随着全球地缘与经济格局的动态变化，突破传统国际分工与聚焦战略性海外布局将成为中国 500 强的重要国际化发展方向。

## 第五节
## Section 5
## 并购重组

### 一
### 从内部成长到外部成长

在企业成长的不同阶段，主导企业成长的力量必然发生变化。在企业成长早期多是靠企业自身的资本积累进行渐进式的发展，我们称之为内部成长，这是一种百分比式的增长；而在企业成长达到一定规模，面对自身的发展瓶颈和外部更加激烈的竞争时，依靠整合社会已有资源实现跨越式发展，往往成为大企业会选择的一条路径，我们称之为外部成长，这是一种倍数式的增长。

回顾中国 500 强的成长历程，可以看到中国大企业已经从百分比式增长的内部成长阶段，进入倍数式增长的外部成长阶段。通过并购重组等方式聚合企业外部资源来实现企业整合的过程，其目的已经不仅仅是单纯扩大企业自身经营规模，而是更多地谋求市场垄断地位，实现对产业链上下游的控制与整合。

当前中国500强已经发展成为资产规模合计343.58万亿元，分、子公司合计115026家的庞大企业群体。在中国500强发展壮大的过程中，并购重组作为企业实现整合成长的核心途径，对中国500强的发展起到了关键作用。

中国500强的并购重组数据从2006年开始统计，截至2021年共发生了13895项并购重组，其中2017年出现并购重组高峰，当年并购重组活动达到1497项，如图2-18所示。

2006—2020年覆盖了我国“十一五”规划、“十二五”规划和“十三五”规划三个经济规划时期。“十一五”规划时期，中国500强并购重组活动合计2844项；“十二五”规划时期，这一数字增长到4785项；“十三五”规划时期，这一数字继续增长，达到5173项。可以看到在三个经济规划周期中，“十二五”规划时期是中国500强并购重组活动数量增长最快的时期，与“十一五”规划相比，增幅达到68.25%。这一时期从宏观经济背景来看，正是中国经济从高速度发展向高质量发展转变的时期；从微观企业角度来看，正是中国500强规模增速明显放缓的重要转变时期，并购重组活动的活跃正体现了中国大企业在继续关注内部成长的同时进一步寻求外部成长，从关注产品运营到产品运营与资本运营并重。

同样，从中国500强中开展并购重组活动的企业数量来看，“十二五”规划时期也是企业数量增长最快的一个时期。“十一五”规划时期，中国500强中开展并购重组活动的企业数量年均145家；“十二五”规划时期，这一数字为164家；“十三五”规划时期，这一数字为161家。

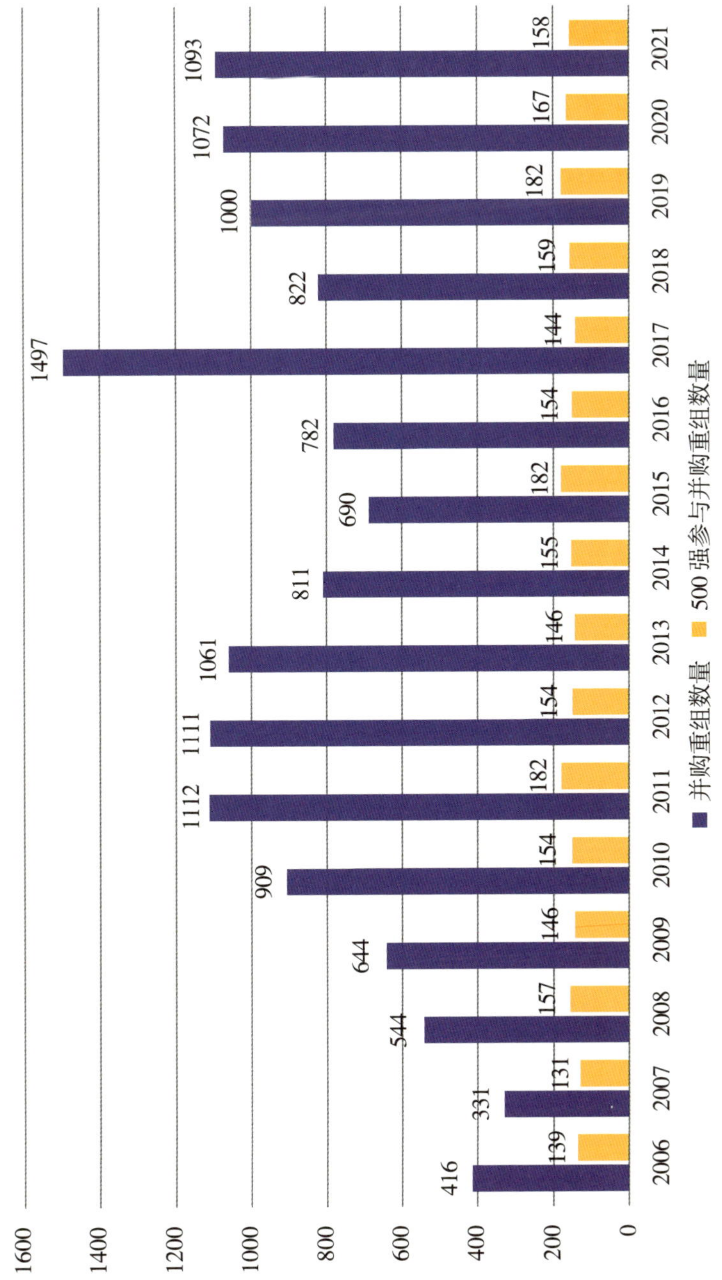


**图 2-18 中国 500 强并购重组数量变化趋势**

而从产业角度来看，“十一五”规划时期，中国500强并购重组活跃的行业领域比较集中，主要集中在采矿业、金属产品、零售业、建材生产和批发贸易等行业领域，其中采矿业的并购重组数量为566项，在这一时期的中国500强并购重组总量中占比接近20%，而上述5个行业领域在同期总量中占比约54%，如图2-19所示。

“十二五”规划时期，中国500强并购重组活动涉及行业领域进一步集中。总体上看，中国500强并购重组数量最多的5个行业领域与“十一五”规划时期相比没有发生太大变化：采矿业、建材生产、零售业和金属产品行业领域的并购重组数量依旧名列前茅，仅是随着综合服务业并购重组数量的上升，将批发贸易行业挤出了前5位。更值得关注的是中国500强并购重组涉及行业集中度的变化：第一位的采矿业并购重组数量大幅上升，达到1142项，在同期中国500强并购重组总量中占比接近24%，提高了约4个百分点。前5位行业领域的并购重组数量占比也出现了明显增长，从“十一五”规划时期的54%增至“十二五”规划时期的61%，增幅高达7个百分点。

“十三五”规划时期，中国500强并购重组活动相对集中的行业领域与前两个时期相比发生了明显变化，这个时期是并购重组活动涉及行业领域由集中向分散转变的关键时期。

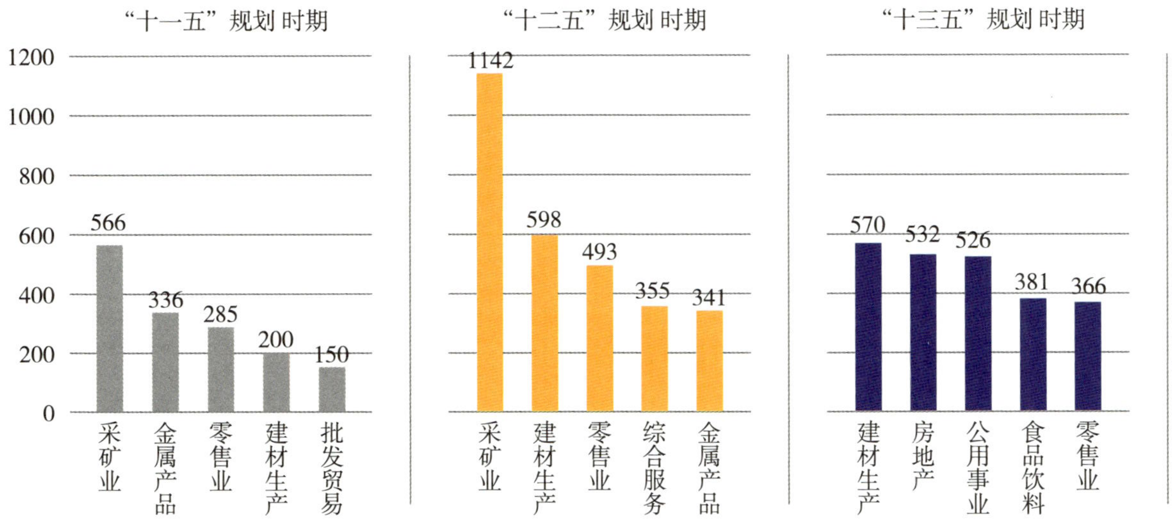


图 2-19　中国 500 强各时期并购重组主要产业领域分布

在较为集中的行业领域变化方面，“十三五”规划时期，中国500强并购重组数量最多的前5位行业领域是建材生产、房地产、公用事业、食品饮料生产和零售业，可以看到服务行业的比重明显增多；而“十一五”规划时期与“十二五”规划时期，两个并购重组数量较高的行业领域——采矿业和金属产品均退出了前5位，可以说在中国500强的范围内从资产角度来说，以煤炭、钢铁为代表的产能过剩行业领域已经完成了大面积的整合，未来在上述领域的并购重组数量将会持续减少，而在大企业间影响整个行业竞争格局的整合重组将会持续涌现。

在涉及行业领域由集中向分散转变方面，我们同样对中国500强并购重组数量最多的前5位行业领域，与在同期中国500强并购重组总量中的占比进行比较。“十三五”规划时期，中国500强并购重组数量最多的行业领域是建材生产，达到570项，在同期中国500强并购重组总量中的占比仅为11%；其后房地产和公用事业的并购重组数量分别为532项和526项，占比均超过10%，与建材生产领域十分接近。而前5位行业领域的并购重组数量在总量中的占比仅为46%，不仅大幅低于“十二五”规划时期的61%，还同样低于“十一五”规划时期的54%，说明不同行业的中国大企业对资产运营的关注度进一步提高，如表2-4所示。

## 表 2-4 中国 500 强并购重组产业领域分布

| 行业名称 | "十一五"规划时期 | | | | | "十二五"规划时期 | | | | | "十三五"规划时期 | | | | |
|---|---|---|---|---|---|---|---|---|---|---|---|---|---|---|---|
| 农林牧渔业 | 0 | 0 | 0 | 5 | 0 | 0 | 0 | 1 | 0 | 0 | 0 | 6 | 14 | 2 | 0 |
| 采矿业 | 48 | 48 | 58 | 51 | 361 | 258 | 497 | 334 | 39 | 14 | 1 | 8 | 21 | 21 | 14 |
| 电力生产 | 31 | 9 | 23 | 28 | 46 | 65 | 76 | 51 | 27 | 18 | 25 | 24 | 24 | 44 | 19 |
| 食品饮料生产 | 20 | 30 | 45 | 19 | 17 | 39 | 32 | 24 | 44 | 56 | 166 | 38 | 30 | 23 | 124 |
| 消费品生产 | 11 | 30 | 35 | 17 | 18 | 23 | 14 | 23 | 8 | 13 | 36 | 9 | 40 | 15 | 8 |
| 化学品制造 | 14 | 6 | 14 | 23 | 14 | 19 | 17 | 8 | 25 | 21 | 17 | 92 | 31 | 45 | 24 |
| 药品和医疗设备制造 | 4 | 2 | 4 | 7 | 9 | 5 | 14 | 16 | 33 | 6 | 3 | 1 | 3 | 2 | 3 |
| 建材生产 | 17 | 6 | 22 | 87 | 68 | 46 | 86 | 269 | 179 | 18 | 21 | 479 | 10 | 29 | 31 |
| 金属产品 | 46 | 44 | 121 | 54 | 71 | 91 | 59 | 76 | 78 | 37 | 36 | 33 | 92 | 68 | 43 |
| 机械设备 | 18 | 17 | 21 | 17 | 17 | 21 | 26 | 20 | 5 | 12 | 36 | 53 | 31 | 31 | 19 |
| 计算机、通信设备及其他电子设备制造 | 2 | 1 | 2 | 1 | 0 | 0 | 5 | 8 | 9 | 6 | 3 | 9 | 1 | 4 | 5 |
| 交通运输设备及零部件制造 | 18 | 19 | 14 | 21 | 15 | 18 | 29 | 12 | 12 | 18 | 32 | 30 | 24 | 35 | 10 |
| 防务 | 8 | 10 | 13 | 20 | 30 | 42 | 17 | 11 | 19 | 59 | 7 | 25 | 29 | 12 | 8 |
| 建筑业 | 26 | 23 | 21 | 21 | 14 | 25 | 31 | 15 | 17 | 23 | 43 | 50 | 66 | 52 | 65 |
| 公用事业服务 | 8 | 2 | 5 | 5 | 65 | 16 | 7 | 1 | 70 | 40 | 35 | 20 | 21 | 200 | 250 |
| 交通运输业 | 18 | 6 | 5 | 3 | 3 | 25 | 25 | 34 | 29 | 52 | 27 | 18 | 28 | 69 | 18 |
| 邮政和物流 | 10 | 4 | 1 | 2 | 15 | 18 | 3 | 8 | 12 | 10 | 32 | 47 | 57 | 31 | 59 |
| 电信及互联网信息服务 | 1 | 4 | 15 | 2 | 11 | 10 | 2 | 1 | 2 | 6 | 3 | 5 | 14 | 21 | 25 |
| 批发贸易 | 19 | 14 | 25 | 18 | 74 | 17 | 14 | 20 | 12 | 23 | 27 | 25 | 63 | 68 | 24 |
| 零售业 | 61 | 22 | 5 | 177 | 20 | 163 | 86 | 75 | 113 | 56 | 45 | 41 | 112 | 75 | 93 |
| 金融业 | 0 | 3 | 11 | 7 | 3 | 4 | 5 | 0 | 4 | 4 | 6 | 12 | 1 | 1 | 11 |
| 房地产 | 17 | 10 | 50 | 19 | 20 | 60 | 52 | 39 | 14 | 28 | 91 | 178 | 64 | 93 | 106 |
| 商务服务 | 0 | 1 | 4 | 10 | 10 | 13 | 5 | 3 | 9 | 10 | 4 | 18 | 38 | 56 | 108 |
| 旅游、餐饮及文化娱乐 | 0 | 0 | 2 | 3 | 2 | 5 | 5 | 0 | 1 | 0 | 72 | 270 | 2 | 1 | 0 |
| 教育和医疗卫生服务 | 0 | 0 | 0 | 0 | 0 | 0 | 0 | 0 | 0 | 0 | 0 | 0 | 0 | 0 | 0 |
| 综合服务业 | 19 | 20 | 28 | 27 | 6 | 129 | 4 | 12 | 50 | 160 | 14 | 6 | 6 | 2 | 5 |

进一步总结中国500强中并购重组的成功经验可以看到，并购双方往往在诸多方面具备一致性。

第一是并购双方必须有共同的愿景。愿景是企业文化的核心点之一，未来走的道路要一致，否则就不要并购。

第二是并购后短期内应该获得被并购公司的普遍认同，要取得被并购公司员工的信任。如果并购后很长一段时间内部还互相较劲，互不信任，这件并购就有问题。相互认同和信任是重要的文化要素。

第三是双方长期战略应该一致，这是战略要素。

第四是并购双方应该有文化上的一致性，这是一个狭义的文化要素。比如各公司历史上形成的一些工作习惯、仪式、领导风格和工作氛围等，如果差别太大，也会导致以后的冲突和矛盾。

第五是大宗的收购对象距离上不要太远，这是地理因素。

中国企业的行业结构依然相对分散，重要任务依然是通过并购重组快速形成强有力的行业地位，减少低层次、内部竞争，尤其是“强强联合”的方式。2020年晋能控股集团在世界500强上升325名，位列第138位，和山东能源集团上升225名，位列第70位，都是通过合并重组达成的。2021年5月，虽然中国中化与中国化工合并重组成中国中化控股有限责任公司（**简称中国中化**），但是依然单独进入财富榜单，合在一起的话这个“巨无霸”应该排在丰田汽车之后的第49位，相信合并后的中国中化会发挥更大的作用。

## 二

## 求垄断地位反垄断行为

企业自身发展壮大和企业间不断竞争的必然趋势是走向寡占甚至垄断，这是资源和管理效率化的基本规律。中国企业可以延缓垄断的形成过程，也可以在一定时期内拆分掉它，但是自然型垄断、政策型寡占、战略型寡占等还会不断强化。从经济学原理讲，这就是马克思所讲的“由资本积聚到资本集中”的经济发展规律；从管理学原理讲，这就是我们所说的“由内部成长到外部成长”的企业成长规律。在目前的情况下，生产集中度还需要在中国主要行业中快速提升。

生产集中化趋势会强化企业的市场地位，这大概会引起人们的反垄断情绪。我们理解这种想法，因为有的大企业确实靠垄断经营，损害了消费者的利益，阻碍了市场应有的竞争，应该反思。但是，我们也理解企业成长的基本规律，多数行业都会由成百上千家公司的无序竞争结构走向寡占地位甚至垄断地位的结构。寡占结构有利于企业地位的稳固，有利于经济效率的提高，更有利于企业参与国际间的竞争。

在我国，除少数几个产业外，大多数产业是几十家、几百家甚至成千上万家产品结构相同的企业相互竞争，而且以中型企业居多。我国资源利用效率较低的根本原因之一就是这种“该大不大，该小不小”的企业结构。这种企业结构和我国的“地域分块”投资机制密切相关。

我们比较了美、日的企业结构发展态势。美国大企业发展到现在，在每个行业都有几个企业巨头，其他的都是一些小规模的辅助企业。日本基本也是如此，它们的企业结构基本是两头大、中间小的哑铃型。这是成熟市场经济下的企业结构，从经济上来讲也是最有效率的企业结构。经济学理论认为，自由竞争引起生产集中，生产集中发展到一定程度必然走向垄断，这是基本的规律，也可以说是市场经济成长与成熟的基本规律。既然是规律，就不是以人的主观意志为转移的。

一边是生产集中化，一边又要反垄断。看待垄断问题，一定要把概念说清楚。垄断一般是指少数大企业为了获得高额利润，通过相互协议或联合，对一个或几个行业商品的生产、销售和价格进行操纵和控制的行为。垄断行为通过操纵价格、控制生产和销售，损害消费者利益，或者限制业界竞争和阻碍创新。有时候人们习惯把市场占有率高看作垄断，市场占有率高只是一种垄断地位，不见得是一种垄断行为。事实上，在某些行业无法阻止企业形成垄断地位，应该反对的是垄断行为。如电网公司、电信公司、石油公司、高速路公司等，从行业特征讲本身就是一个自然垄断，很容易形成垄断地位，但不能因此容许垄断行为。

利用垄断地位损害消费者和公众利益的行为肯定是要反对的，通过垄断地位实施垄断行为，把别人排挤掉，自己却故步自封，不再创新和提高效率，不再努力降低成本，只满足于维持既得利益，也是要反对的。企业之间通过竞争促进产品、技术和服务的革新、创新和提升是市场经济的基本原则，是应该鼓励的，要反对垄断行为而不反对垄断地位；要反对损害消费者利益的垄断，而不是反对能够充分利用社会资源的垄断；要反对阻碍创新和技术进步的垄断，而不反对积极主动创新和追求技术进步的垄断（**比如申请专利就是一种技术垄断**）。

既然中国有些大企业已经形成符合企业发展大规律的格局，那就不需要为了所谓的反垄断而去人为地制造所谓的“竞争”。我国实行的是社会主义市场经济，不是自由主义市场经济；中国企业应遵循的是“客观有效”的规律，不是“所谓先进”的概念定义。

## 小结

**中国500强已经从百分比式增长的内部成长阶段，进入倍数式增长的外部成长阶段，并购重组活跃度持续提高，涉及产业领域日趋分散，而在各行业领域追求垄断地位的同时，大企业更要避免垄断行为的发生。**

# 第六节
# Section 6
# 数字化转型

## 一
## 数字化与实体化融合发展

1994 年以来，中国以互联网行业发展为开端，逐步发展成为世界领先的数字经济大国，中国 500 强在其中扮演了重要角色。

21 世纪的最初 10 年是中国数字经济的主力军——互联网企业崛起的 10 年，以网络零售为代表的电子商务企业首先发力，带动了中国数字经济由萌发到高速成长的发展阶段。2006 年中国网络零售总额首次突破 1 千亿元，2012 年中国网络零售总额突破 1 万亿元。

同一时期，新兴业态不断涌现，腾讯积极发展社交网络服务，2005 年腾讯 QQ 注册用户过亿，2011 年腾讯推出微信业务，之后实现微信支付，更使聊天工具参与到社会生活的方方面面；新浪则重点发展新兴平台媒体业务，新浪博客、新浪微博等自媒体平台的出现直接催生了自媒体产业的兴盛。

21 世纪的第二个十年是数字经济与实体经济互相渗透融合的十年。一方面，互联网企业已不满足于线上业务的发展空间，积极向线下渗透，在改变线下传统服务业态的同时催生出了各类新型的商业模式；另一方面，以工业、制造业企业为代表的实体经济企业积极开展数字化转型，改造升级企业内部经营管理，发展构建企业外部生态网络。

在互联网企业向线下渗透方面，由于智能手机的大范围普及，使人们的线上与线下生活获得了广泛连接，互联网企业开始大规模改造传统服务行业。以网络零售为基础，生活服务的各个方面几乎都在被互联网企业改造。打车、叫外卖，甚至洗衣、家政等业务也能够通过互联网解决。同时，基于互联网的商业模式创新不断涌现，以共享单车为代表的共享业态不断扩大涉及领域，大到共享住宿、共享办公，小到共享充电。而快手科技与字节跳动网络直播模式的崛起更具有代表性，使直播带货的商业模式成为一个迅猛增长的新兴业态。

在工业、制造业企业的数字化转型方面，主要是从智能制造领域发力，通过“机器换人”和智能化改造全面提升传统制造方式的自动化、网络化、智能化水平，并以此为基础催生个性化定制、智能化生产、网络化协同、服务型制造等新模式、新业态。

大量传统工业、制造业企业不断强化企业数字化技术改造，应用物联网、云计算和自动化控制等技术，对机器设备和生产流程等进行优化更新，建设一批“无人车间”“无人工厂”，使企业从单机生产向网络化、连续化生产转变，显著提升企业的生产效率与产品品质，典型如宝武集团、海尔公司、美的公司等。同时大批的煤炭、有色金属开采行业企业，如中国煤炭科技集团、中国华能集团、陕煤集团、金川集团等也积极应用先进的数字化与通信技术，以无人、安全、高效、绿色为目标开展数字化、智能化矿区建设，并取得了阶段性成效。

## 二

## 积极向“第四产业”进军

中国经历了从以第一产业为主，到以第二产业为主，再到目前的以第三产业为主，正在向以第四产业为主转移的历史性跨步。从过去近 20 年的中国 500 强榜单行业变化中可以看到制造业企业数量下降，服务业企业数量上升，新兴产业企业涌现的趋势。

中国企业的利润率一直较低与企业所在产业的整体利润水平有关系，而不同行业的利润率水平和行业相对于其他行业的市场地位和定价权有很大关系。处于寡占或垄断地位的企业当然具有较大的定价权，相应的利润水平就高。具体到业务层面，这些公司是卖数据、卖规则、卖专利，而不是卖产品。

我们在战略性的海外布局一节中就提出，中国企业要突破传统国际分工，往“第四产业”层面发力。第四产业就是不同于第一、第二和第三产业中传统服务业的数据产业（**或称知识产业、信息产业**），对于企业来说就是要发展为“数据型企业”，开展数据业务，进行数据贸易。

《中国制造 2025》、美国《工业互联网》和《德国工业 4.0》都旨在引导企业在数据领域发力。软件和互联网经济发达的美国侧重于在“软”服务方面，希望用互联网激活传统工业，保持制造业的长期竞争力。而德国则强调自己在“硬”制造方面的优势，使德国成为智能制造技术的主要供应商和 CPS（**信息物理系统**）技术及产品的领先市场。

回到企业层面，由于中国企业行业和地域发展的不平衡，各企业应该让机械化、自动化、数据化和智能化在不同层面做好实事求是的结合，而不是一味追求先进和世界一流。发展数字经济、数字业务、数据贸易，不是要取代原有的第一、第二、第三产业业务和贸易，而是要在更高的维度之上进行统合，通过数字化覆盖企业原有的生产、经营和管理活动，改变以往的生产、经营和管理方式。

任何时候，以农牧渔业企业为主的第一产业都是人民生存的基础，“饭碗要端在自己手里”，这是必要型产业；以加工制造为主的第二产业是国家强大的保证，“粮食要自己种出来”，这是重要型产业；以金融流通为主的第三产业是国家繁荣的表现，“生活是丰富多彩的”，这是需要型产业；以数据网络为主的第四产业是国家明天的保障，“中国梦总是要实现的”，这是需要型产业。

未来，中国企业在第一、第二、第三产业都会有巨大的成长空间，但数据产业和数据贸易会有更具战略性的位置，中国企业必须花大力气建设数据智能企业，关键在于企业家们如何抓住机遇，配好资源，一步一个脚印地走向未来。

## 小结

中国500强经历了以第二产业为主，到以第三产业为主，正处于向以数字化为核心的第四产业为主转移的历史性跨步时期，制造业企业数量持续下降，服务业企业数量稳步上升，以数字化为代表的新兴产业企业不断涌现。

# 第七节
# Section 7
# 混合化改制

## 一 所有制结构稳定，比例合理

过去 20 年，中国 500 强所有制结构的变化趋势是一个逐渐趋于合理比例的过程，这是在宏观层面的混合。

自有统计以来，在 2016 年以前，中国 500 强中国有企业一直占有较高比重。2016 年，中国 500 强中国有企业数量为 295 家，占比为 59%，与 2010 年的 325 家占比 65% 相比有所减少，但仍接近六成。2017 年开始，中国 500 强中国有企业与民营企业数量差距明显缩小，2018 年至今，所有制结构已基本稳定，并保持逐步收窄的趋势，如图 2-20 所示。

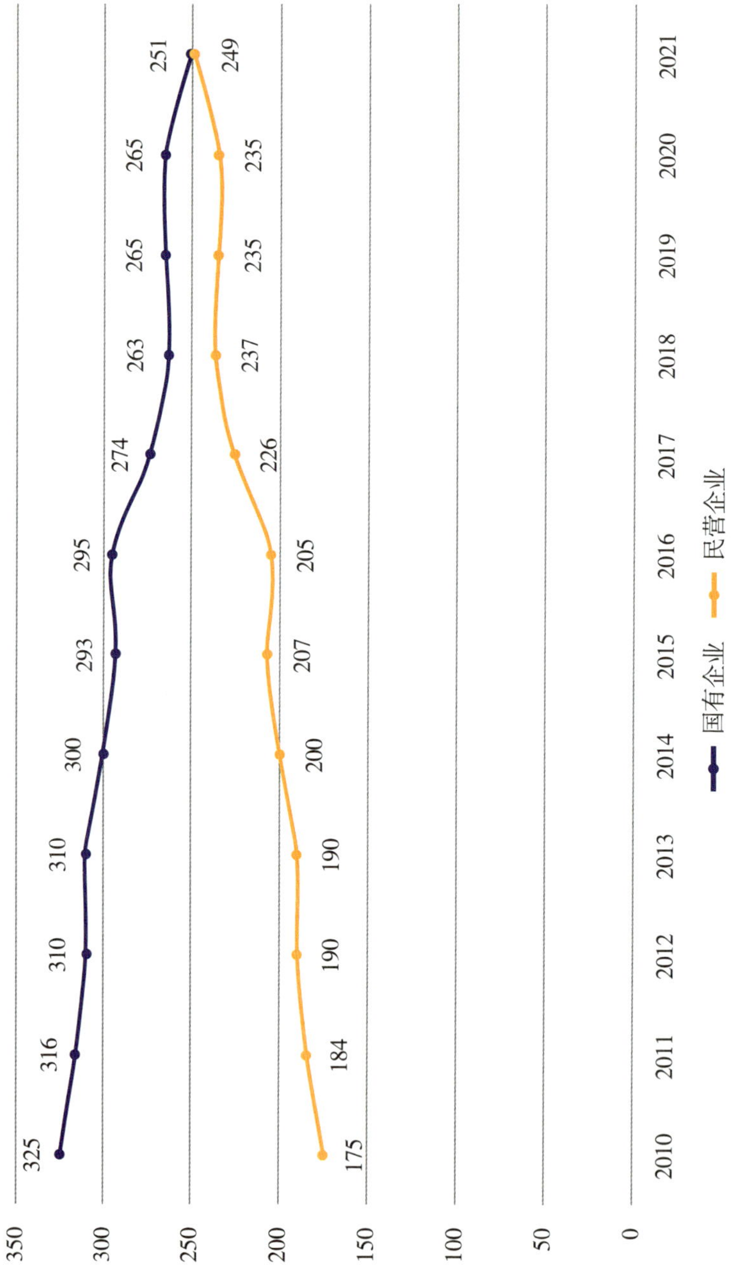


图 2-20　中国 500 强入围企业所有制结构变化趋势

这一比例的形成是以公有制为主体、多种所有制经济共同发展，以按劳分配为主体、多种分配方式并存的社会主义市场经济体制下的必然结果，体现了社会主义制度的优越性，又同我国社会主义初级阶段的社会生产力发展水平相适应。

在个体企业的所有制方面，混合所有制改革持续深入，这是在微观层面的混合。

改革开放 40 余年来，我国经济所有制结构从单一公有制逐步发展为以公有制为主体、多种所有制共同发展，与此相伴，国有企业产权结构从一元化的国有出资发展为以国有资本为主、引入非国有资本实现多元化、混合化，国有企业混合所有制改革随之不断推进。特别是党的十八大以来，混合所有制改革成为国有企业改革的重要突破口，改革措施不断深化，分层分类积极推进混改成效显著，重要领域混改试点迈出实质性步伐，国有资本和其他各类所有制资本取长补短、相互促进、共同发展的良好局面不断深化。同时，混合所有制企业员工持股制度在系统总结前期经验教训的基础上进行了试点深化。

目前国有企业改革已经进入“深水区”，面向新发展阶段，国企改革行动正如火如荼地展开，紧锣密鼓抓重点、补短板、强弱项，以改革创新引领国资国企高质量发展，新型国有企业必将带动其他所有制企业，一同为我国经济社会发展做出更大贡献。

## 二

## 所有到所用，所管到所值

从时间角度来看，在中国500强发展初期，所有制形式以国有为主。这主要是由于21世纪初的10年，中国大企业还处在从“地方级”企业向“国家级”企业迈进的发展时期，需要更多的总体谋划与统筹兼顾。而随着中国大企业的成长壮大，可以更为有效地通过经营管理而非行政措施实现战略目标，中国500强中民营企业的比例随之提升。

从产业角度来看，中国500强中各类所有制企业在不同产业领域中的分布亦存在差异。在大部分产业领域中，国有企业的数量均出现了明显下降，少数出现的国有企业数量增长的行业主要是批发贸易、金融业、房地产和商务服务等关系国家供应链安全、资本与金融安全的领域。同时中国500强中的国有企业依旧在采矿业、金属产品、建筑业和公用事业服务等领域保持企业数量较多，因为都是涉及国计民生的重点行业领域，如图2-21所示。

这充分体现了国有资本向关系国家安全、国民经济命脉的重要行业和关键领域集中，向提供公共服务、应急能力建设和公益性等关系国计民生的重要行业和关键领域集中，向前瞻性、战略性新兴产业集中的发展特点。

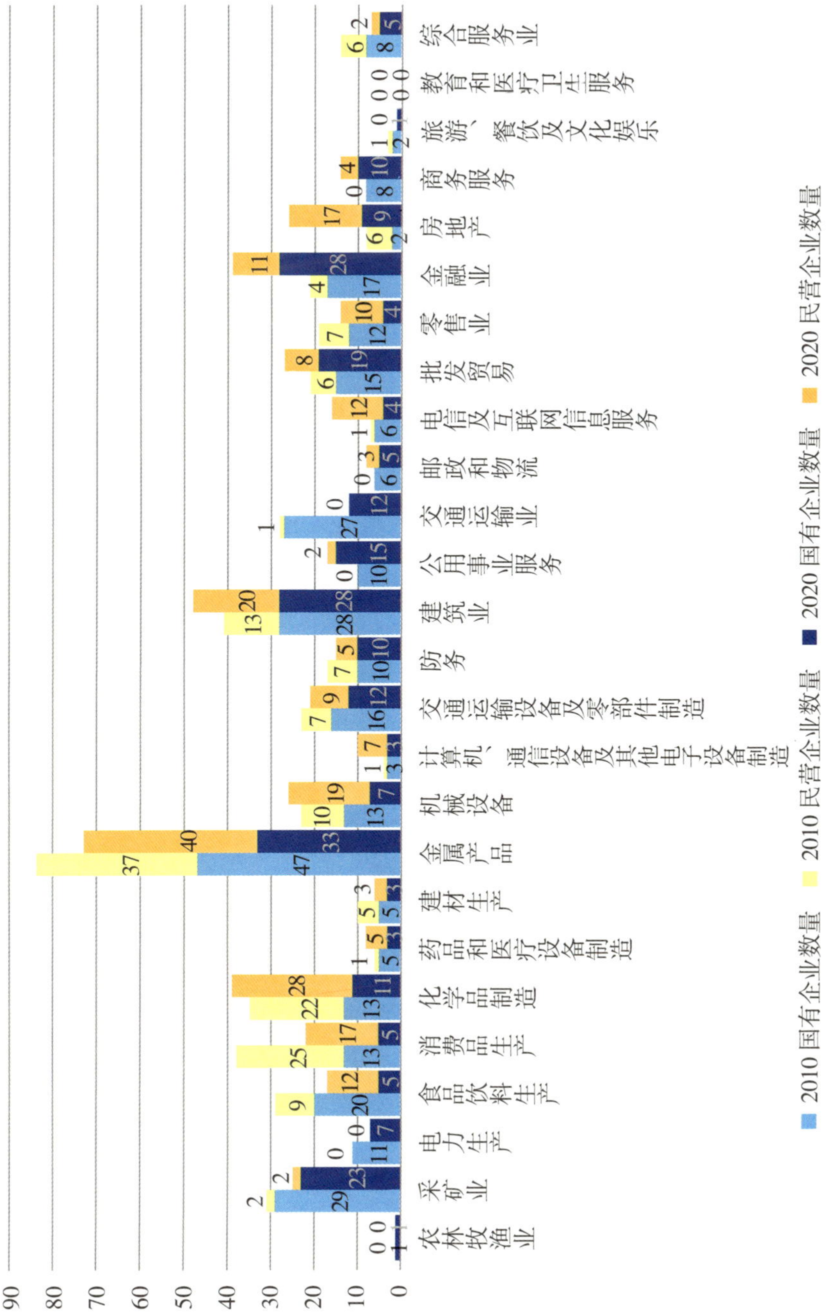


图 2-21 2010 年与 2020 年国有与民营 500 强产业领域分布

但无论是“国有”还是“民有”，必须得“有”，不管是“国营”还是“民营”，必须要“营”。所以，随着中国 500 强所有制结构的稳定，未来中国大企业的发展必将进一步减少所有制带来的影响，进一步提升经营管理的作用。典型如混合所有制改革就实现了企业所有权与经营权的分离，企业法人产权相对独立，不受资本所有制性质影响，在企业按照市场规则运行的同时保持各方资本的独立性，因而在混合所有制企业中，公有制资本与私有制资本可以相辅相成、取长补短、相互促进、共同发展。

当然，所有制结构的稳定是相对的，动态是持续的，但是未来中国 500 强的所有制结构变化将更多是微观调整、动态调整，而不会出现剧烈波动。决定所有制结构变化的核心也不再是所有制本身，而是从经营管理出发，按照经营结果、竞争能力进行合理调整。在个体企业层面，基本原则应该是“所用重于所有，所值重于所管”。换句话说，就是经营权重于所有权，价值创造重于管理归属。

## 小结

**宏观来看，中国 500 强所有制结构稳定、比例合理；微观来看，企业个体层面混合所有制改革持续深入。未来中国大企业的发展必将进一步减少所有制带来的影响，持续提升经营管理的作用。**

## 要点回顾

过去 20 年，以中国 500 强为代表的中国大企业群体已经从跨越式发展的追赶者，成为与国际先进企业同台竞争的并行者，并在很多领域和行业成为领跑者，总结其中的成长路径与经验，既是对中国 500 强以往发展历程的总结和提炼，也是对新时期中国 500 强持续发展的思考与沉淀。

20 年的成长路径与经验，从产业升级、区域布局、技术创新、国际经营、并购重组、数字化转型和混合化改制这七个维度出发，揭示过去 20 年中国 500 强成长的道路和方向。

20 Years' Stormy and Prosperous Development Experiences of Chinese Top 500 Enterprises

Chapter 3 第三章

# 中国企业 500 强未来的挑战与建议

新征程的六大挑战 ·

新使命的六大建议 ·

如果前两章说的都是过去，这一章要说的就是现在和未来。“十四五”规划时期是我国全面建成小康社会、实现第一个百年奋斗目标之后，乘势而上开启全面建设社会主义现代化国家新征程、向第二个百年奋斗目标进军的第一个五年，我国将进入新发展阶段。当前和今后一个时期，我国发展仍然处于重要战略机遇期，但机遇和挑战都有新的发展变化。

从国际形势看，世界正经历百年未有之大变局。一方面，世界多极化、社会信息化在曲折中发展，国际环境日趋错综复杂，国际力量对比深度调整，世界经济版图深刻变化。新一轮科技革命和产业革命带来的新陈代谢和激烈竞争前所未有，正在影响和改变着人类社会生产方式、生活方式和思维方式，加速重塑世界。

另一方面，世界面临的不稳定性、不确定性明显增加，新型冠状病毒肺炎疫情影响广泛深远，世界经济增长乏力，经济全球化遭遇逆流。今后一个时期，中国将面对更多逆境，必须做好应对一系列新的风险挑战的准备。

从国内形势看，中华民族伟大复兴处于关键时期。一方面，改革开放以来，我国经济实力、科技实力、国防实力、综合国力进入世界前列，我国国际地位实现前所未有的提升。另一方面，新发展阶段我国还面临许多新的挑战，如发展不平衡、不充分的问题仍然突出，重点领域关键环节改革任务仍然艰巨，企业的管理能力和创新能力还不适应高质量发展要求。今后一个时期，解决突出问题和补齐明显短板将是首要任务。

# 第一节 Section 1 新征程的六大挑战

对于中国 500 强群体来说，国内外形势的变化既是机遇又是挑战，面对新时期、新阶段、新征程，在回顾以往发展历程和总结经验、教训的同时，更要准确识别出未来将直面的各种挑战，以便做好充足的应对准备。我们认为，企业管理者要时刻警惕和应对的挑战有如下六个。

## 一 企业生存挑战

中国经济进入新常态，中国必须实现速度换挡、结构优化、动力转换，坚持底线思维、稳中求进、稳中有为，立足提高质量和效益，推动经济持续健康发展，这些都为转型中的中国经济和中国企业的发展指明了方向。

### 1. “块头大”不一定“活”得好

过去近 20 年，从中国 500 强与世界 500 强的收入与资产增长角度看，中国企业对规模扩张的偏好十分明显，绝大多数中国大企业都倾向于优先快速做大企业规模。

在中国经济高速发展阶段，倾向于快速做大规模有其合理性，但是，“大”不一定“活”，片面追求规模的扩张可能为企业埋下诸多生存隐患。一是导致企业陷入战略迷失。企业的终极战略目标是实现基于核心竞争力的可持续发展，而不是追求规模的扩张。规模可以带来规模经济，但并不一定能带来核心竞争力和可持续发展；二是导致企业战略资源分散。企业在非战略机会点投入了太多资源，而无法聚焦主航道，也无法进行战略性技术创新与战略性人力资本积累；三是导致过度的资本导向。规模扩张不可避免地需要投入大量资金，这可能迫使企业提高资产负债率，增加财务成本，金融杠杆过高，推升财务风险；四是导致管控和法律风险。快速的规模扩张往往要并购重组，并购资产容易但整合人才难，重组业务容易但统一文化难，可能带来更多的法律和政策风险。

### 2. “四肢壮”也怕“卡脖子”

在关键核心技术领域，“卡脖子”对中国企业的生存冲击巨大。作为世界工厂，中国工业门类齐全但核心竞争力不强，高精尖产业与国际发达经济体相比仍有很大技术差距，在芯片、高端医疗设备、精密仪器、高端数控机床、特殊材料、发动机等方面较依赖进口。

美国企业在半导体和软件产业领域进行了较为完备的布局。设备材料领域有应用材料、泛林、KLA和ASML等企业，芯片核心器件领域有英特尔、美光、博通、英伟达、德州仪器等企业，终端领域有苹果等企业，操作系统有微软、GMS、IOS等系统，工业软件领域有EDA、CAD、CAE等。中国企业虽然在终端和芯片领域已经有所建树，但其他产业领域仍需持续发力。正如华为常务董事余承东所说："华为开拓了十几年，从严重落后，到有点落后，再到赶上来领先，这是一个艰难的过程。"在关键核心技术领域掌握优势与主动权，不仅关乎企业生存，对我国相关产业的发展也具有重要的战略意义。

我国优秀企业当前面临的不只是盈亏问题，更是生存问题。再强大的企业，也可能在关键环节受制于人。活下去，是企业的硬道理！如何综合协调企业的做大、做强、做新和做优，保持企业业务的可持续性，将是中国大企业面临的挑战之一。

## 二

## 产业生态挑战

当前中国制造业已连续多年位居全球第一，拥有门类齐全的现代工业体系。同时中国制造业在全球产业分工和价值链中的地位不断提升，在电子制造和机械领域，中国占全球出口总额的23%；在纺织和服装领域，中国占全球出口总额近40%。但是，中国制造业依然是全球产业链中"虽很重要，但可或缺"的一环。

对比中、美两国企业的产业分布特点，可以看到中国企业仅在建筑领域具有明显的产业链优势，但其上游的建筑与农用机械制造行业依旧由美国企业占据行业领导地位。如电子制造领域，尽管有华为这样优秀的中国企业在网络和通信设备行业世界领先，但上下游的行业领域美国企业优势依旧。中国企业的产业断点链亟需补强。

进一步从单体企业的产业链覆盖来看。不少企业，尤其是大型企业的成长路径已经由单一行业的一体化走向跨行业的产业生态化或平台化。产业政策在引导企业加大对战略新兴产业的投入，推动企业进行产业转型与升级；而企业自身的相关多元化发展战略，更是推动产业结构优化的关键力量。企业在行业或产业上复杂交织，如图3-1所示。

其中尤其以美国企业的产业链覆盖深度与广度最为突出。在各个重要行业领域，美国企业的规模数量不一定领先，但总有一两家企业牢牢掌握着相关产业链条上的关键节点，从而在国际竞争中立于不败之地。而与之相比，近年来的突发事件则进一步将中国企业在产业链上的问题暴露了出来。

第一，以中间品进口为主，缺乏产业链关键环节掌控能力。根据WTO的数据，2007—2018年间我国货物贸易进口中间品占进口总额的比重，除2012—2014年低于60%之外，其余年份均高于60%。美国、韩国、日本、德国等国家是我国中间品进口的主要来源国，尤其是半导体及相关产业、航空航天、光学影像和医疗器械、机械设备及零部件、机动车零部件和发动机行业，2018年我国上述行业进口和出口比例分别为26%和15.9%，处于以进口为主的基本格局。综上可以看出，我国制造业的优势主要集中在技术参与度中等的传统部门，对产业链关键环节和核心技术的掌控能力比较薄弱。

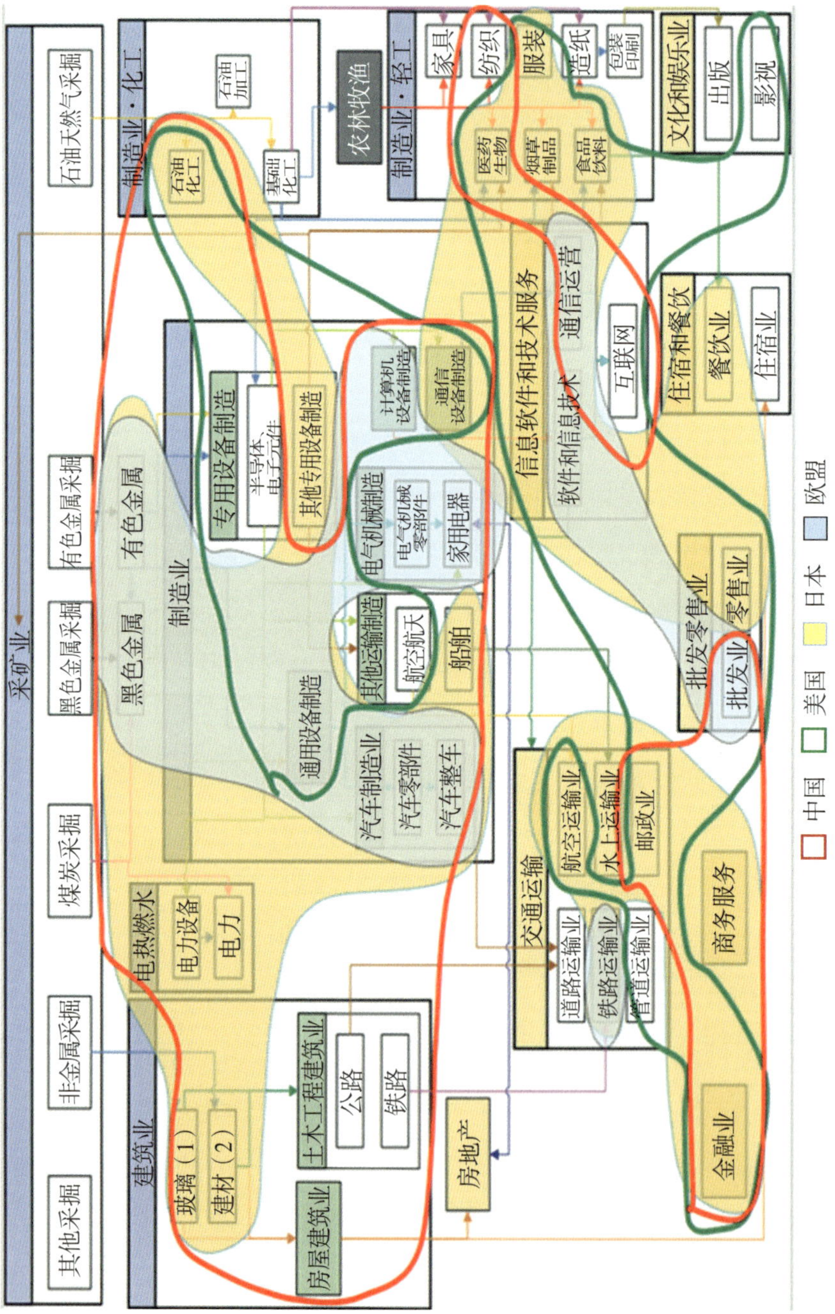


图 3-1 各国 500 强的行业分布图

第二，产业链具有一定的可替代性，不具备全球价值链控制能力。根据世界银行的研究，全球价值链关联可分为初级产品（**包括有限初级产品和大量初级产品**）、初级制造、先进制造与服务和创新活动四种类型。初级产品参与国以资源密集型产品为主，主要分布于中亚、非洲和大洋洲地区，在全球价值链中处于较低位置，附加价值小；初级制造的国家以劳动密集型产品为主，主要分布在东南亚、南美以及非洲东部和南部地区，也处于全球价值链的较低位置，可替代性强；先进制造与服务以中等技术密集型产业和服务为主，主要分布在东亚、南亚和北美地区，属于全球价值链中间部分，具有一定的替代性；创新活动主要集中在北美和西欧地区，位于全球价值链较高位置，具有主导全球价值链的能力，以美国、欧盟、日本等国家和地区为代表。我国目前主要以先进制造业与服务业参与分工，处于全球价值链的中游水平，还不具备对于全球价值链的掌控能力。

第三，产业链中的大宗商品源头和运输通道安全性低。我国企业对石油、天然气、粮食、重要矿产等的掌控力和定价力还较差，对海运、港口等物流运输的安全性控制还不够，对投资国和投资地的治安安全、人员安全和资产安全的掌控力还需加强。

中国企业在全球产业生态中具有价值性，不具掌控性；棋子作用大，棋手作用小；被动配合性高，主动布局性弱。中欧班列、亚投行等就是应对这一挑战的重要战略布局。

## 三

## 科技创新挑战

随着中国经济由高速度增长向高质量增长转变，中国企业发展的核心驱动力量也发生了重要变化。科技自立自强是国家发展的战略支撑，也是企业发展的重要保障，但是，尽管无论是国家层面还是企业层面都在积极推动科技创新，并且已经开展了诸多行之有效的工作，中国大企业在创新动能上还仍显不足。

第一是企业科技发展战略不清、不实、不用。一方面，很多企业的科技战略定位不够清晰。一些企业不能持续跟踪全球行业、市场及科技发展动态，对未来趋势把握和预判不够，也未能结合企业发展实际明确科技战略定位及技术发展路线。技术创新理念、目标等往往停留在概念和口号层面，缺乏具体的实施举措。特别是不少企业提出要成为技术领先者和领跑者，但对于国际领先水平缺乏清晰的认识和理解，对如何实现国际领先水平更是缺乏总体的战略谋划和设计。另一方面，科技规划指引性不够强也是很多企业科技规划战略存在的问题。虽然企业普遍重视制定中长期科技发展规划，但是由于前期的基础性研究不够扎实，往往导致规划的战略性、前瞻性、系统性和滚动性不够强，一些规划制定之后被束之高阁，没有真正发挥对实际工作的指导作用。

第二是企业科技力量不聚、不整、不强。很多企业的科技资源布局分散，不能聚焦战略主领域。总部和下属单位的科研机构在功能定位和职责分工上模糊不清，总部对各下属单位的科研项目计划工作缺乏统一管理，使得各领域及业务单元之间的科技资源和研发力量还不能形成一个整体，专业互补优势不能充分发挥，对集团重大科技项目的协同支撑能力有待提升。同时，创新主体分工与定位有待优化。在创新链条上，不少企业的科研单位集中在产品研发及产业化的中后端环节，开展前端环节的共性技术与前瞻性技术研究不够。

第三是企业产学研合作不长、不广、不高。在外部创新资源的有效利用方面，企业与院所等研究机构间的合作深度有待提升。产学研合作以短期的“点对点”项目居多，以共建平台的方式实现长期的战略合作相对不够；企业的产学研布局范围过窄，合作对象不多，委托研究开发比例偏高，联合研究和专利交叉许可等高水平技术合作不够。

第四是企业科研与市场联系不密、不紧、不通。企业科研成果转化和商业化推广机制有待加强，在科研立项阶段与产业单位的生产需求结合不够紧密；在研发阶段，跨部门团队协作不足，科研单位不能针对需求、问题开展研发，也不能及时针对市场动态进行调整。正是由于前面两个环节的结合不紧密，使得在成果转化应用阶段无法形成供给与需求的有效对接，技术专利化、专利标准化、标准产业化和产业效益化的通路不畅，成果转化和商业化渠道不通。

第五是企业按科技贡献分配不明、不能、不强。针对科研创新的按贡献分配原则尚不完善。由于部分企业科研人员的薪酬、创新奖励等受工资总额限制，会产生“零和”结果，难以实现科研人员报酬与创新贡献的挂钩；按贡献分配往往让位于按职权分配，对关键技术骨干力量的薪酬激励力度有限，抑制科研人员的创新热情，甚至导致核心技术人员流失。虽然较多企业建立了科研人员专业发展通道，但其他因素的存在不能真正激励科研人员安心在科研专业通道一直走下去。一般企业很难有华为那样给“天才少年”新员工两百万年薪的机制，也很难有华为巨额投入研发的勇气。

## 四

## 海外布局挑战

经历了长达十五年艰巨的谈判，2001 年中国加入世界贸易组织（WTO），开启了中国企业全面融入全球化的大门。加入 WTO 已经不是设备和技术引进层面的开放，而是中国在规则层面与国际的全面接轨，是中国企业与全球企业合作共赢与共同成长的过程。回顾中国加入 WTO 的 20 年，事实证明这一顶着巨大压力的战略决策是成功的。开放合作的国策使中国企业既发展了自己，又造福了世界。一方面，入世承诺的履行使中国对外开放进程全面提速，为中国带来了巨大的“制度性红利”和广阔的外部市场，是造就中国式增长奇迹的重要因素。另一方面，大大促进了中国企业从地方企业成长为全国企业，再成长为国际化和全球化企业的进程，使中国企业成为世界企业之林中的重要群体。

中国企业的全球化之路充满了坎坷，今天仍需面对严峻的国际形势。中国企业要从产业结构、区域布局和权力地位三个层面重新调整海外发展战略。

一是产业结构方面，要突破传统国际分工，以“第二产业”制造业为基础，以“第三产业”服务业为引导，向“第四产业”数据业务层面发展，进一步开展服务贸易和技术与数据贸易。

二是区域布局方面，要从全球化向区域化转变，站稳周边脚跟，构建海外战略布局，聚焦发展以粤港澳大湾区为核心的东亚、东南亚“环中经济圈”和以“一带一路”为架构的欧亚非“半球经济圈”，最终形成有利于发展的世界格局。

三是权力地位方面，中国企业在标准、人才、品牌、权力等方面仍需加大推进力度。过去中国企业主要是劳动力、产品“走出去”，最近十年上升到了投资“走出去”、项目“走出去”的阶段，未来更多面对的是在国际规则和标准制定上“走上去”，人才国际化“走上去”，品牌价值“走上去”，以及定价权、评级权、认证权“走上去”等方面的国际挑战。

## 五

## 效率提升挑战

过去20年，代表经营效率的中国500强人均产出指标持续改进。“十三五”规划期间，中国500强人均年营业收入为227.42万元，人均净利润为10.19万元，分别比“十二五”规划期间高出53.28万元和2.47万元。2021年中国500强人均营业收入为269.03万元，比上年增加了9.43万元，实现了“5连升”；人均净利润为12.19万元，比上年提高了0.44万元，完成了“4连增”。但与国际领先企业相比，中国500强的人均营收和人均利润依然有很大提升空间，如图3-2所示。

按行业细分比较，数据可参考表3-1、表3-2。

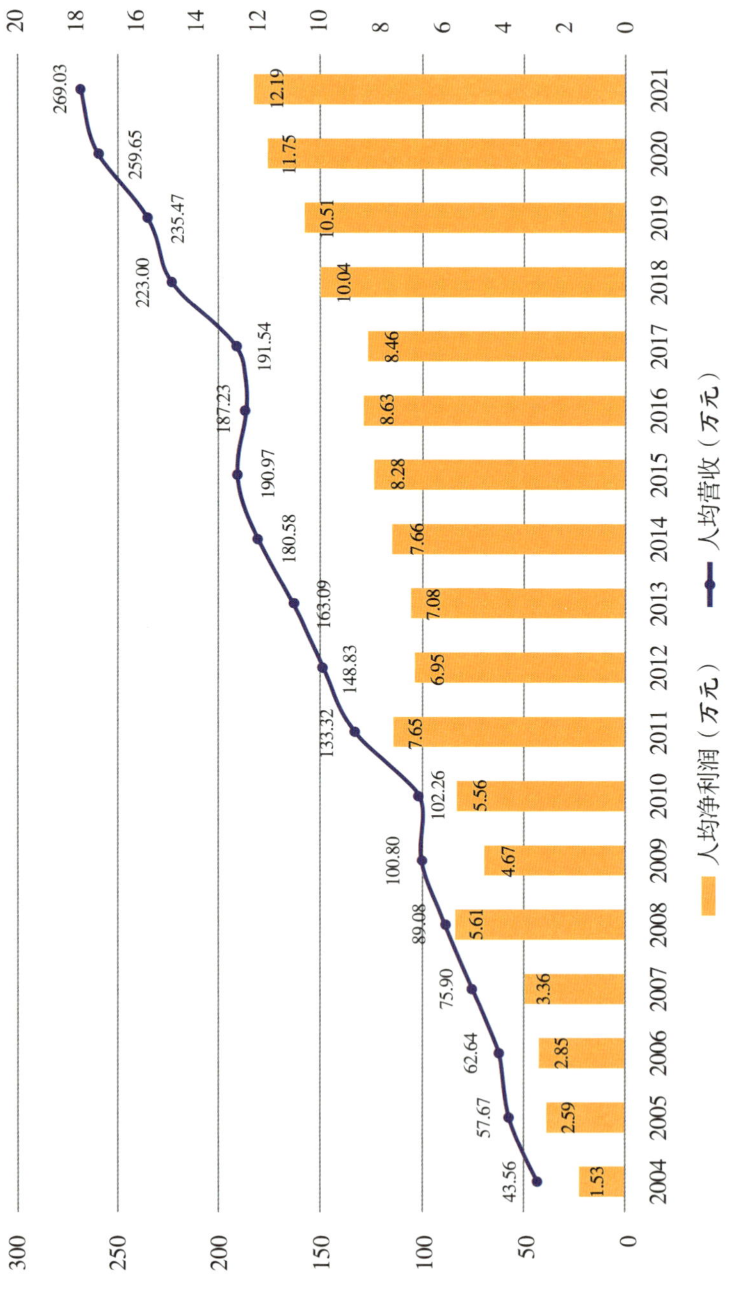


图 3–2　中国 500 强人均营收、净利润变化趋势

## 表3-1 世界500强各国顶尖企业人均营收

| 行业 | 人均营收/万美元 | 行业 | 人均营收/万美元 |
|---|---|---|---|
| 财产与意外保险（股份） | 80.1 | 炼油 | 106.0 |
| 美国 | 74.2 | 美国 | 388.3 |
| 欧盟 | 140.4 | 欧盟 | 306.4 |
| 日本 | 99.8 | 日本 | 234.8 |
| 中国 | 38.0 | 中国 | 42.8 |
| 采矿、原油生产 | 58.8 | 贸易 | 137.3 |
| 美国 | 358.6 | 美国 | / |
| 欧盟 | 61.1 | 欧盟 | / |
| 日本 | / | 日本 | 112.5 |
| 中国 | 28.7 | 中国 | 113.7 |
| 车辆与零部件 | 46.0 | 人寿与健康保险（股份） | 74.5 |
| 美国 | 82.6 | 美国 | 132.9 |
| 欧盟 | 40.1 | 欧盟 | 94.9 |
| 日本 | 47.7 | 日本 | 58.3 |
| 中国 | 41.6 | 中国 | 54.8 |
| 电信 | 39.6 | 人寿与健康保险（互助） | 46.6 |
| 美国 | 63.3 | 美国 | 341.6 |
| 欧盟 | 40.0 | 欧盟 | 183.6 |
| 日本 | 56.7 | 日本 | 82.7 |
| 中国 | 20.2 | 中国 | 12.8 |
| 电子、电气设备 | 35.6 | 食品店和杂货店 | 28.4 |
| 美国 | 36.7 | 美国 | 28.6 |
| 欧盟 | 22.1 | 欧盟 | 25.9 |
| 日本 | 32.4 | 日本 | 40.0 |
| 中国 | 28.0 | 中国 | / |
| 工程与建筑 | 35.5 | 银行：商业储蓄 | 48.5 |
| 美国 | / | 美国 | 52.6 |
| 欧盟 | 25.7 | 欧盟 | 49.1 |
| 日本 | 83.1 | 日本 | 55.6 |
| 中国 | 37.2 | 中国 | 49.5 |

续表

| 行业 | 人均营收/万美元 | 行业 | 人均营收/万美元 |
|---|---|---|---|
| 公用设施 | 51.9 | 制药 | 42.9 |
| 美国 | 107.8 | 美国 | 64.4 |
| 欧盟 | 67.6 | 欧盟 | 41.0 |
| 日本 | 110.0 | 日本 | / |
| 中国 | 38.3 | 中国 | 27.6 |
| 航天与防务 | 29.5 | 专业零售 | 23.2 |
| 美国 | 41.6 | 美国 | 24.2 |
| 欧盟 | 44.4 | 欧盟 | 24.9 |
| 日本 | / | 日本 | / |
| 中国 | 20.3 | 中国 | 16.8 |
| 金属产品 | 51.9 | / | / |
| 美国 | 95.3 | / | / |
| 欧盟 | 34.3 | / | / |
| 日本 | 50.9 | / | / |
| 中国 | 53.2 | / | / |

## 表3-2 世界500强各国分行业平均利润

| 行业 | 平均利润/百万美元 | 行业 | 平均利润/百万美元 |
|---|---|---|---|
| 财产与意外保险（股份） | 2098.0 | 炼油 | 5725.8 |
| 美国 | 2265.3 | 美国 | 7881.6 |
| 欧盟 | 1393.3 | 欧盟 | 7877.3 |
| 日本 | 1845.7 | 日本 | 1820.9 |
| 中国 | 1952.0 | 中国 | 2811.6 |
| 采矿、原油生产 | 7024.8 | 贸易 | 1385.7 |
| 美国 | 6257.0 | 美国 | / |
| 欧盟 | 8593.5 | 欧盟 | / |
| 日本 | / | 日本 | 3291.3 |
| 中国 | 859.3 | 中国 | 399.1 |
| 车辆与零部件 | 3432.4 | 人寿与健康保险（股份） | 3256.9 |
| 美国 | 5845.5 | 美国 | 4598.5 |
| 欧盟 | 5143.3 | 欧盟 | 3556.0 |
| 日本 | 3587.8 | 日本 | 3176.8 |

续表

| 行业 | 平均利润 / 百万美元 | 行业 | 平均利润 / 百万美元 |
|---|---|---|---|
| 中国 | 2198.3 | 中国 | 3596.1 |
| 电信 | 5810.7 | 人寿与健康保险（互助） | 1058.2 |
| 美国 | 11964.8 | 美国 | 905.4 |
| 欧盟 | 469.1 | 欧盟 | 370.6 |
| 日本 | 8668.8 | 日本 | 1673.5 |
| 中国 | 4675.6 | 中国 | 875.8 |
| 电子、电气设备 | 5846.9 | 食品店和杂货店 | 960.9 |
| 美国 | 6765.0 | 美国 | 2661.6 |
| 欧盟 | 2754.5 | 欧盟 | 333.4 |
| 日本 | 4803.4 | 日本 | 1026.0 |
| 中国 | 2190.9 | 中国 | / |
| 工程与建筑 | 1711.0 | 银行：商业储蓄 | 9785.9 |
| 美国 | / | 美国 | 16672.1 |
| 欧盟 | 2049.2 | 欧盟 | 5236.6 |
| 日本 | 2141.5 | 日本 | 5098.7 |
| 中国 | 1530.3 | 中国 | 18959.4 |
| 公用设施 | 1619.0 | 制药 | 7089.1 |
| 美国 | 2010.0 | 美国 | 9589.3 |
| 欧盟 | 1213.6 | 欧盟 | 3971.5 |
| 日本 | 1283.4 | 日本 | / |
| 中国 | 3473.9 | 中国 | 2179.5 |
| 航天与防务 | 3097.9 | 专业零售 | 3058.0 |
| 美国 | 5043.0 | 美国 | 3909.7 |
| 欧盟 | 2559.2 | 欧盟 | 1895.1 |
| 日本 | / | 日本 | / |
| 中国 | 1332.5 | 中国 | 3495.6 |
| 金属产品 | 989.7 | / | / |
| 美国 | 2360.8 | / | / |
| 欧盟 | 2579.3 | / | / |
| 日本 | 1870.0 | / | / |
| 中国 | 460.7 | / | / |

人均营收和人均利润低的直接原因在于“分母”，也就是中国企业相对用人较多。以2012—2019年为例，中国500强与美国500强营收比值，最低是59.10%，最高是87.16%，而雇员比值最低在113.04%，最高为118.99%，也就是说，在同样的营收情况下，中国企业比美国企业多雇佣了约30%的人员。

据国家统计局公布，2020年全国城镇非私营单位就业人员年平均工资为97379元（**约14118美元**），相较部分国家人均报酬较低。

然而低起点意味着增速快，2000年我国城镇单位在岗职工平均年收入是9371元，到2020年全国城镇非私营单位就业人员年平均工资为97379元，增涨了9.39倍多。

是人均收入低影响了人均营收和人均利润，还是人均营收和人均利润低影响了人均收入？

根本原因可能在于分配机制的设计。按劳分配一般会造成平均主义，要充分拉开差距是很难做到的，因为人的劳动，特别是体力劳动的成果差距是不大的。中国企业正在改变思路：由以按劳分配原则为中心变为以按贡献分配原则为主导，实施按劳动、按技术、按知识、按管理、按资本相结合的分配机制，以激励人才动力、激发组织活力为目的，采取适合本企业具体情况的分配模式，在提升人均营收和人均利润的前提下大幅提升人均收入。

从根本上改变分配激励机制可不是简单易行之事，但无论如何，在高质量发展总方针的指导下，无论是人均指标、资金投入产出指标还是节能减排“双碳”目标，都是中国企业要面对的效率提升挑战。

## 六

## 战略陷阱挑战

过往20年的中国500强榜单，仿佛一幅描绘了中国企业20年辉煌征程的画卷。即使是500强大企业，也照样躲不过前进路上的各种“陷阱”。我们梳理这些企业的发展历程，发现它们主要面临两类战略陷阱，一个是“战略保守陷阱”，一个是“战略冒进陷阱”。

战略保守陷阱，是企业进入成长后期或成熟期之后经常遇到的一类战略陷阱。近年来，中国500强营业收入门槛不断升高。深处环境、市场、客户和技术的持续且深刻的变革之中，企业如果不能客观地审视现有业务和新业务的关系，不能通过组织变革搅动沉淀层，去掉惰怠层，以激发企业活力和保持增长速度，那么就会不可避免地进入衰退期，逐渐从500强中掉队。

我们从曾经在中国500强名单中上榜，但近年来退出的大企业名单中，看到了诸多陷入“战略保守陷阱”的企业，上文曾提到的637家落伍企业即是如此。例如1993年成立的沈阳机床在2011年以180亿元营收问鼎全球机床行业，打破日、德技术垄断成为世界第一，之后由于一般机械制造业市场低迷和自身的经营能力等诸多因素，沈阳机床开始走下坡路，连续多年陷入亏损泥潭。

战略冒进陷阱，是近20年来的危机企业案例中不少企业都陷入的陷阱。企业在经营前期的成功让企业经营者和员工队伍都充满自信，同时丰厚的利润回报也让企业有了扩张的实力，这都诱发了企业快速扩张，或者是企业经营将要面临瓶颈期或者即将触及行业天花板，企业急于转型扩张。于是很多企业开始大踏步地进入多个行业领域，但经常由于经验不足、资本实力不够、资源紧张等各种原因导致业绩迅速下滑，严重者导致企业资金链断裂，苦心经营多年的大企业轰然倒塌。曾上榜但已破产消亡的79家企业即是如此。

前面提到的海航集团在过去十年间以多领域、高频率的并购活动推动集团规模迅速扩大，然而，以利润亏损为代价换取市场份额的并购行为终究难以持续，导致海航资金流动性出现明显问题，最终走上了破产重整之路。

当然，企业的成长与发展离不开资本的运营与支撑，但如果脱离了实体产业，资本经营只会助长企业的资产泡沫。

21世纪初的十余年，为激发金融业的发展活力，同时受到发达国家放松金融监管的影响，我国也逐步放松了对金融业的管制，金融创新大量涌现，金融业在宽松的政策环境下获得了较高的投资回报率。

在实体经济与虚拟经济利润率倒置的情况下，导致大量中国企业"脱实向虚"，利用闲置资金、增发股票或者配股等方式获得资金，投资房地产、金融产品等虚拟资产，以赚取高额利润，但美国金融危机的爆发给了中国经济与中国企业严重的警示和冲击。

从宏观经济角度来看，"脱实向虚"的美国经济在加剧虚拟经济膨胀的同时，带来了产业空心化、失业率提升、经济稳定性下降、政策效果弱化等问题，进而引发了全球金融危机。

而在微观企业角度来看，美国非金融企业金融化虽然会在短期内充分利用资金缓解企业的融资约束，分散企业风险，提升企业的短期绩效，但是从长期来看，过度金融化会抑制创新热情、降低全要素生产率，并对实业投资产生挤出效应，最终导致企业长期利益的损失，并且企业越是处于融资约束严重和货币政策紧缩的环境，金融化程度越高，引起的财务风险也越大。

汲取美国的教训，中国企业不能丢弃过去在全球制造业链条中打好的基础，在宏观经济层面，巩固实体经济的前提下稳步有序地发展中国的虚拟经济。对于广大实体经济企业来说则要合理分配虚拟经济与实体经济的比重，通过虚拟经济带动实体经济业务增长，以实体经济支持虚拟经济业务发展。

战略的关键是“战”，更是“略”。略掉有功劳的旧人和依然有利润的旧业务很难，略掉诱人的高利润投资机会很难，略掉非主业扩张做大、做多的快感更难。这对于企业家来说是不小的挑战。

## 小结

**面对国际环境的重大变化与国内经济的转型升级，中国企业未来将面临六大成长挑战，包括企业生存挑战、产业生态挑战、科技创新挑战、海外布局挑战、效率提升挑战、战略陷阱挑战。**

第二节

# Section 2

## 新使命的六大建议

打造具有全球竞争力的世界一流企业，是对中国企业发展提出的新要求。“十三五”规划时期，已经有一批优秀的中国500强在转型高质量发展和建设具有全球竞争力企业的实践中进行了探索并取得了一些积极成果。“十四五”规划时期，中国500强应围绕上述发展新要求不断深化改革，持续推进创新，全面提升效率、效益，着力打造一批高质量发展一流示范企业。这些企业将是彰显中国企业全球竞争力与综合实力的关键力量，也应当是所有中国企业对标学习的标杆企业。

对于“世界一流企业”，目前并没有一个统一的定义，但总体上可以认为，世界一流企业应当是引领全球行业技术发展，在国际资源配置中占主导地位，在全球产业发展中具有话语权和影响力的领军企业；应当是在效率、效益和产品服务品质等方面的领先企业；应当是在践行新发展理念、守法重信、履行社会责任等方面拥有全球知名品牌形象的典范企业。

具体来看，要实现世界一流企业发展目标和使命，中国 500 强要从以下六个方面开展能力建设和提升工作。

## 一 以新发展理念指导新使命

2015 年 10 月，中共十八届五中全会召开，鲜明地提出了创新、协调、绿色、开放、共享的新发展理念，回答了在新时代实现什么样的发展以及怎样实现发展的重大问题，对于转变发展方式、优化经济结构、转换增长动力和推动我国经济实现高质量发展都具有重大指导意义。

对于在我国经济与生活中发挥重要支柱作用的中国 500 强群体来说，“十四五”规划时期要想准确把握新发展阶段脉搏，深入贯彻新发展理念，加快构建新发展格局，推动中国经济在“十四五”规划时期的高质量发展，就要形成新成长使命。

过去 20 年，中国企业的主要成长使命是快速发展壮大，随着中国企业的快速崛起，未来中国一流企业的成长使命将是有效应对国际竞争，积极在所处行业领域取得国际领导地位，这就要求企业从新发展理念出发，进一步明确新发展目标，在继承以往成功发展经验的基础上企业可以从以下五个方面思考有关新发展目标的确定问题。

第一，创新是引领发展的第一动力。把科技创新放在首位，坚持走自主创新之路，不断增强创新意识，大力提升自主创新能力，加快突破关键核心技术，形成具有自主知识产权的核心成果，勇当原创技术的“策源地”和现代产业链的“链长”，牢牢把握竞争和发展的主动权，为企业高质量发展提供有力支撑。

第二，协调是持续健康发展的内在要求。坚持巩固企业的主业优势与发展创新业务相统一，在做强主业的同时着力拓展战略新兴业务，形成业务结构优化、多业务协调发展的格局。

第三，绿色是有序发展的必要条件。深入贯彻落实生态文明思想，坚定不移走生态优先、绿色发展之路，落实国家“碳达峰、碳中和”部署要求，积极探索绿色低碳发展路径，加快形成绿色建造体系，将绿色生产与生活方式融入企业的生产经营全过程、各领域，助力美丽中国建设和全球生态安全。

第四，开放是国家繁荣发展的必由之路。要坚定不移地参与国际化竞争，勇于和国际顶尖企业同台竞技，在全球范围内配置资源，努力占据全球产业链、价值链中高位。对标世界一流企业，学习借鉴先进经营理念、制度、方式，加快补齐自身短板与不足，持续拓宽全球视野，同时将中国企业的管理经验、管理思维和管理模式推向世界。

第五，共享是中国特色社会主义的本质要求。从企业角度来说，就是要积极参与并做好与脱贫攻坚和乡村振兴有效衔接的各项工作，推动企业改革发展成果，更好地惠及广大人民群众。

## 二

## 以“三链战略”控制关键环节

前面已经说过，我国虽然拥有较为齐全的产业体系，但是产业链条之间的联系和对链条中关键核心环节的控制较差。

“十四五”规划时期，中国500强群体要摆脱传统产业理论的束缚，重新审视产业链与价值链上的各个环节，从实际出发抓住链条上的关键节点，带领中国各产业逐步摆脱对国外关键领域产品技术的依赖，提升在高端技术领域中的产业链控制能力，在已有的完整产业链基础之上提升各环节优势，当好现代产业链“链长”，发挥中国500强投资规模大、辐射范围广、带动能力强的龙头牵引作用，着力增强产业链、供应链自主可控能力。

具体来看，就是要在“补链”“强链”和“固链”的“三链战略”上下功夫。

第一是“补链”。要着力突破一批关键核心技术，为产业基础高级化、产业链现代化提供更多的中国方案，特别是在芯片、高端医疗设备、精密仪器、高端数控机床、特殊材料、发动机、高端轴承等严重依赖进口的产业领域，根据企业自身特点尽快补齐产业链“缺口”。

第二是“强链”。要立足优势领域，练就更多“独门绝技”，加强新型基础设施建设，推进供应链数字化，更好地赋能传统产业转型升级。未来全球供应链将呈现“客户需求、全球配置资源、大规模网络化共享、平台化协同”的分工合作态势。新技术是数字化供应链转型的驱动力。物联网、移动云计算、大数据、人工智能、认知计算和区块链是供应链数字化的六大新技术支柱。数字化供应链的关键是通过各类新技术全面连接供应链上下游与企业内外部的不同参与者，实现信息与数据的实时共享，打造透明、可视、智慧的供应链。

第三是“固链”。要构建融合畅通的产业生态体系。一方面是通过跨国企业推动中国技术、标准与产品一道“走出去”，不断提高中国企业对全球供应链的渗透、整合与影响能力。通过参股、并购等多种合作方式在全球重点国家和地区设立研发、生产、营销及售后服务体系，切实提升中国企业参与全球供应链构建的深度与广度。另一方面是以国内市场为依托，形成一批各具特色的产业集群，推动上下游和产供销有效衔接与协调运转，把产业链的关键环节留在国内。

## 三

## 向战略新兴产业重点布局

“十四五”规划时期以及今后较长时间，中国500强群体要发挥龙头作用，加速产业升级，向全球价值链中高端延伸，在提升全球竞争力与话语权的同时进一步提升企业产品服务的附加值，优化企业经营质量。

这就是要向发展战略新兴产业加紧布局。21世纪第一个十年的末期，战略新兴产业的发展就已经备受关注。各国纷纷将产业重心转向了战略新兴产业，也就是那些以重大技术突破和重大发展需求为基础，代表未来科技和产业发展新方向，对经济社会全局和长远发展具有重大引领带动作用，知识技术密集、物质资源消耗少、未来发展潜力大、综合效益好的产业。

我国也高度关注战略新兴产业发展,出台了一系列的鼓励政策。例如 2020 年 9 月，国家发展改革委等四部门联合印发了《关于扩大战略性新兴产业投资 培育壮大新增长点增长极的指导意见》，提出了扩大战略性新兴产业投资、培育壮大新增长点增长极的 20 个重点方向和支持政策，推动战略性新兴产业高质量发展。

而伴随新技术、新业态的发展，战略新兴产业的范围也从早期的 7 大领域扩大到了 9 大领域，即新一代信息技术产业、高端装备制造产业、新材料产业、生物产业、新能源汽车产业、新能源产业、节能环保产业、数字创意产业和相关服务业。

从产业发展规模来看，目前战略新兴产业在我国经济中的占比依然偏小。但在中央及地方政府的鼓励引导以及市场需求的推动下，战略新兴产业在近几年得到了快速发展，逐渐成为推动产业结构转型升级和经济高质量发展的重要动力源。2019 年，我国战略性新兴产业增加值占 GDP 比重达 11.5%，比 2014 年提高 3.9 个百分点。而 2020 年前三季度，在制造业整体投资同比下降 6.5% 的状况下，高技术制造业投资同比增长了 9.3%，显示了新兴产业良好的发展态势。

对于中国 500 强而言，“十四五”规划时期，培育、发展战略新兴产业将是企业实现转型升级，巩固企业核心竞争力，打造企业新的营收增长点的重要路径。第一，企业应积极寻找、把握战略新兴产业的发展机遇，培育或参与战略新兴产业的发展。同时，企业还应盘点、梳理现有资源，适当从低端传统产业领域退出，将资源投入到战略新兴产业领域。第二，企业应始终坚持创新驱动战略，依托政府、高校、科研机构等资源，构建企业创新生态网络，围绕新兴优势产业集中资源进行关键技术、核心技术攻关，在关键核心技术竞争中占据优势地位。第三，在投资发展战略新兴产业时，各企业应充分做好投资前的市场研判，真正做到“战略性”地投资新兴业务领域，而不是“机会性”地或者只是利用政策扶持性地投资新兴业务。避免由于盲目的投资导致出现大的投资浪费。

具体到战略新兴产业的方向和范围，无论在国家层面还是企业层面，都是在不断摸索和调整中进行的，这就需要企业强化信息收集能力，还需要对战略新兴产业的发展阶段以及相应的资源配置做出有效的规划，然后始终坚持持续投入以实现其战略目的。

布局战略新兴产业的目的是“活着”，不是“正确”；是“胜利”，不是“盈利”。只有“活着”，才是“正确”；只有“胜利”，才有“盈利”！

## 四

## “四步走”国际化经营策略

加快形成以国内大循环为主体，国内和国际双循环相互促进的新发展格局，既是在国内外环境发生显著变化的大背景下，就推动我国开放型经济向更高层次发展做出的重大战略部署，又是在当前大变局下，指导我国企业与产业克服困难与挑战，实现持续稳定发展的具体策略安排。国际大环境的不确定性促使中国企业必须打通国内大循环，并以国内循环为主来保障中国产业与企业的平稳发展。关键领域的短板、全球融合发展以及构建人类命运共同体的需要，决定了我国需要以国际循环作为国内循环的补充。

中国 500 强要在打通国际和国内双循环中充当主力军，通过主动带动中小企业合作发展与创新发展，来加快形成以国内循环为主、国际和国内循环相互促进的发展新格局。

我们建议中国 500 强的国际化发展要分“四步走”。

第一步，首先有效整合国内市场，形成具有实力较强、地位优势的行业领军企业，保证可以“从实力的地位出发”展开与欧美企业的非对称竞争；第二步，在站稳国内市场的基础上利用 RCEP（《区域全面经济伙伴关系协定》）强化中国周边亚太地区的合作，形成以粤港澳大湾区为中心的“环中经济圈”；第三步，在亚太区域化合作稳定的基础上，根据不同行业的国际资源与市场分布特点，进一步推进亚欧非市场布局，形成“半球经济圈”；第四步，围绕“一带一路”倡议，在具备充分全球竞争实力的基础上，再次全面开启由中国主导的经济全球化征程。

随着中国成为世界中心，中国企业 20 年的“走出去”潮流会逐渐变为“吸进来”潮流。中国已经成为全球最大消费市场，“进博会”会超过“出博会”，最大消费国的优势将在未来发挥重要的影响作用，各大企业应该做好转型准备。在中国工作收入的提升和致富、创新机会的增多，会逐渐使中国成为人才流入国，中国企业要准备做好多国籍、多人种、多文化、多习俗、多语言等多样化、复杂化的管理。

## 五

## 以“双碳”目标寻求义利平衡

“碳达峰”是指我国承诺 2030 年前，二氧化碳的排放量不再增长，达到峰值之后逐步降低。“碳中和”是指企业、团体或个人测算在一定时间内直接或间接产生的温室气体排放总量，然后通过造树造林、节能减排等形式，抵消自身产生的二氧化碳排放量，实现二氧化碳“零排放”，“碳达峰”与“碳中和”简称“双碳”。

作为承载并实现“双碳”目标的关键群体，企业将是这场全社会减碳运动中的主力军，而中国 500 强更是其中的关键力量。中国 500 强是我国经济的重要支柱，在诸多行业中，从生产规模、技术发展和管理领域均承担了示范带头作用。中国 500 强行业覆盖电力、石油石化、化工、钢铁、冶金等诸多能源利用效率提升重点领域，这些领域的高能耗特点注定了企业也是碳排放大户。

“双碳”行动正在掀起新一轮产业革命，中国 500 强要想在新形势下谋生存、求发展，继续引领行业发展，就必须要深刻领会“双碳”所带来的机遇和挑战，不仅要寻求低碳发展之路，确保经济发展不退步，还要继续在行业中占据主导地位，这既是企业生存发展之道，又是支持国家经济发展的责任和使命。

中国 500 强要充分利用国家政策，结合自身业务基础和优势，在“双碳”行动上多下功夫。

第一，是按照自上而下顶层设计和自下而上试点实践的方式推进“双碳”工作。在企业战略管理层面，自上而下研究并制订“双碳”

行动方案和考核方案，实现考核方案对于行动方案及阶段性目标的及时跟踪和必要检查。编制企业“双碳”路线图和行动方案，确定合理的中长期及分阶段目标，坚持和完善能耗双控制度，将定量目标和定性目标相结合，层层分解至最小管理单元。在开展顶层设计之前摸清“家底”，开展历史数据核算，对重点参数制订数据质量控制计划，请外部第三方专业核查机构对报告数据的真实性、准确性进行确认，确保排放量数据准确，为管理层各项决策的制定提供精准的依据。从我国推进低碳发展的历程上看，自下而上的试点实践对于检验方案的合理性和可行性具有重要意义。从创建低碳试点示范入手，选择有代表性的企业建立试点示范，及时总结和归纳经验并在集团复制推广，稳步推进整个集团“双碳”目标进程。

第二，是加快推进绿色低碳技术攻关和应用，推动低碳技术进步。低碳技术的开发应用是实现“双碳”目标的基础工作。依托已有团队组建专门的“双碳”研究部门，瞄准并推动产业结构优化升级，提高企业绿色低碳发展水平。注重节能低碳领域基础性研究工作，结合企业自身行业特点，积极参与节能减排领域的国家实验室、重大科技创新平台建设，有针对性地推进规模化储能、氢能、碳捕集利用与封存等重点低碳技术的发展。推动企业能源结构优化，拉动产业升级。利用地域特点、环境资源等自身优势，在条件允许的情况下积极推进可再生能源，在企业内推动绿色供应链管理，推动绿色技术的应用。

第三，是积极参与全国的碳排放权交易，创新绿色金融，利用市场化手段持续推进碳减排工作。碳排放权交易是支撑“双碳”目标实现的重要市场化手段。对于已纳入交易的企业，可积极开展技术和管理节能、能源替代、原料替代、技术革新等降低自身碳排放量，盘点梳理企业碳资产并有效管理，开发符合自愿减排标准的项目获取收益。通过适当的交易方法及运作路径，开发碳期货、碳信托、碳基金等绿色金融产品，引入金融市场资本助力企业碳减排。对于尚未纳入交易试点的企业，应尽早了解自身现状，积极开展基于活动、组织、场所等方面的碳盘查摸底，按年度自主实施减碳行动。对于行业内领先并具有科技创新能力的标杆企业率先实施“碳中和”行动，体现中国500强的责任担当，有效推动“双碳”目标的实现。

第四，是加强国际合作，关注碳税与碳关税对企业的影响。当前国际上越来越多的国家正在将“双碳”转化为国家战略，碳税、碳关税将极大地影响社会生活和经济行为，对中国企业的发展极为重要。目前，多个国家已经启动相关的准备工作，多家世界500强也在积极应对，这方面的进展值得中国500强高度重视。预先研究碳税、碳关税动向和国际间合作机制，可以帮助中国500强在调整战略的时候未雨绸缪、当机立断。中国500强作为国家经济战略发展的主力军，要加强与各类国际组织、RCEP框架下诸国、“一带一路”辐射国家企业的协作与技术交流，倾听国际上其他国家同行业企业在实现“双碳”过程中的经验教训，取其精华为我所用；同时也要加强传播中国的声音，让世界了解中国绿色低碳发展的成绩和经验。

当然，围绕“双碳”目标的工作仅仅是企业实现社会责任的必要组成部分。正如人的成长是一个由“环境依赖”到“自我独立”，再到“核心共生”的过程，企业的成长亦是如此。当前中国优秀企业的成长特征之一就是从“自我独立”走向“和谐共生”。要和谐共生，就越来越需要具备责任与使命的意识，需要静水潜流的心态，需要内外环境的融合，需要对世界大同的追求。从企业伦理的角度来看，可以说企业越大，社会责任也越大，现代社会要求企业作为“企业公民”，应负起应有的社会责任，做追求富强的“义利兼得”企业。

## 六

## 以战时机制确保企业生存

企业生存，不仅会遇到现金流问题，遇到产品重大质量问题，还会遇到瘟疫、灾荒等不可抗力事件，这些都是影响企业生存的重大问题。这次遭遇的新型冠状病毒肺炎疫情就是如此，那些平时没有建立危机防控机制的企业，遇到突发事件就备受打击，丧失斗志，甚至关门倒闭。某些企业遇到疫情后，经过短暂的停顿，马上切换到战时状态，应对有序，奋力前行。这样的企业有着由坚强的领导、完善的组织和充足的危机预算所构成的战时机制。

吃一堑，长一智；经一事，建一制。中国一定会战胜疫情，更需要建章立制。偶胜靠人，常胜靠制！制能防灾减灾，制能抗灾灭灾。

企业必须建立战时机制，以保护企业的安全——尽管它可能永远用不着！提倡“活着”是企业最低纲领也是最高纲领的华为，就是因为有战时机制，才能在逆境下依然“活着”！企业只有“活着”，客户、技术、品牌和队伍才有价值！并且，必须让战时机制处于组织的最高层。

无知不能无制！新的病毒还会出现，德尔塔变异毒株就是如此。中国能用预测、预防和战时机制去减少损害。国家提出了“生物安全”的概念，并纳入国家安全体系，就是从这次疫情学习与总结出的新知识和新机制。

无知不能无备！尽管备份会增大成本，尽管两条技术路线齐头并进会花费两倍甚至更多的研发经费，但是作为大企业，这是必须的。

中国企业，特别是已成为中国500强的企业，要从以下五个方面入手，全面形成危机意识，建立战时机制。

第一是时刻保持危机意识。正所谓做企业“战战兢兢，如履薄冰，夜不能寐，随时惊醒”。我们认为有个安心悖论：人们过得越安逸，会过得越不安心！反论：人们过得越不安逸，会过得越安心！保持警醒和适度恐惧是企业能够“活下来”的基本条件之一。

第二是设立危机预警组织和战略预备队，在企业发生危机时能及时冲上去，这是一种类似于消防队的组织。既然危机点不可预测，那么首先应该建立一支高效的、精力充沛的战略预备队伍，能够对各种突发事件做出快速反应，组成这支队伍的人员素质必须高，每个人都像将军一样有能力指挥和应对紧急的任务，这种组织实际上就是保证了能把不可预测的意外事件作为普通事件处理。

第三是时刻提防行业对手和跨界对手。有观点认为，市场营销不是瞄准需求的（**有人甚至提出，用户获得的信息有限，他们并不知道自己到底需要什么东西**），而只需要提防竞争对手，只要做得比竞争对手好就行了，这是一种竞争导向意识。提防对手需要平时具备危机意识和防范意识，并把它渗透到基层员工头脑中去。在信息化、多维化社会还要时刻提防跨界对手，企业就怕如《三体》小说所言：“我消灭你，与你无关！”

第四是深入客户、企业中层或基层。变化往往来自组织或系统周边，要想准确体会这种变化就必须深入到企业中层或基层，即采取现场办公等办法，听取中层干部或基层员工的意见，避免自己成为最后一个知道变化的人。

第五是经常听一听以评价别人为职业的人的说法。这些人经常在旁边观察，包括掌握舆论的记者、证券公司、财务人员等，他们往往能从比较新的角度得到一些新信息。生产力决定生产关系，科学技术是第一生产力，因此企业还要经常关注各种新技术的进步。

运用以上五种方法，再配合强有力的危机预算，就能建立战时机制，在一定程度上可以保证企业避免或成功应对诸多危机。

## 小结

**要成为具有全球竞争力的世界一流企业，中国 500 强应以新发展理念指导新使命，以“三链战略”控制关键环节，向战略新兴产业重点布局，采取“四步走”国际化经营策略，以“双碳”目标寻求义利平衡，以战时机制确保企业生存。**

## 要点回顾

立足新时代，肩负新使命，踏上新征程。面对百年未有之大变局与中华民族伟大复兴的关键时期，中国500强将迎来更多的外部环境挑战，并肩负起更加重要的发展使命。

但挑战也是机遇，使命也是动力。回顾中国500强20年的成长历程，以史为鉴，谋划未来。在新发展理念的引领下，必将有更多的中国大企业，从国际先进企业的追赶者、并行者向领跑者转变，成为具有全球竞争力的世界一流企业。

# Epilogue 结语

# 踏上新征途，须有新作为

踏上新征途，必须继续发扬抗争精神！ ·

踏上新征途，必须继续发扬学习精神！ ·

踏上新征途，必须强化创新创业思维！ ·

踏上新征途，必须继续发扬建企精神！ ·

踏上新征途，必须要树立胜利者思维！ ·

总结过去20年，展望未来20年。在未来，中国500强要坚定中国特色社会主义道路自信、理论自信、制度自信和文化自信。发扬抗争精神、传统精神和市场精神，做构建中国现代新商业文明的引领者：发扬以人为本的抗争精神，如“女娲补天”“精卫填海”“羿射九日”“愚公移山”等；传承以儒家文化为核心的传统精神，如好学、上进、和谐、诚信等；学习以平等互利为核心的市场精神，如效率、权责、竞争、创新等。这些精神内核分别在中国存在了几十年到几千年不等，通过各个渠道渗透到企业经营管理之中，共同构成了现代中国特色社会主义企业的管理思想体系和行为体系，成为了现代中国新商业文明的雏形。

踏上新征途，中国企业必须在以下五个方面有所作为。

## 一

## 踏上新征途，必须继续发扬抗争精神！

中国是“农场”，世界是“丛林”。中国所面临的国际环境非常复杂，未来几十年不会有根本性的转变。中国企业在服务客户、技术创新的同时会面临来自国际环境的各种困难和挑战。中国企业不是“任人调遣”的执行者，而是要做市场规则的参与者与制定者。只有看清对外的关系才能帮助中国企业制定正确的应对策略。

中国企业必须奋起抗争，理性抗争，争取生存和发展的合法、合理权益。在当今的人类命运共同体世界，在百年未有之大变局中，中国企业要建立属于自己的治理和管理模式，发扬理性抗争精神，坚定地争取属于中国企业的胜利！

## 二

## 踏上新征途，必须继续发扬学习精神！

中国有句古训是“三人行，必有我师焉”，虚心使人进步，骄傲使人落后，过往20年的快速进步不能削弱中国企业的学习精神和学习能力。

中国企业依然要继续向所有的世界级先进企业学习，比如学习创新、学工匠精神、学细节管理等，要整合世界一切优秀管理理念和体制为我所用。

中国企业依然要继续树立学习的标杆和榜样，我们建议每个企业都要找到一两个先进企业标杆，开展对标管理活动，如互联网、流通、手机、芯片、汽车、飞机、金融、保健等行业都有非常优秀的国际一流企业值得学习。中国企业要在一切重要产品、产业和技术领域形成有竞争力的世界领先的企业群体。

## 三

## 踏上新征途，必须强化创新创业思维！

核心技术是买不来也是学不来的，唯有创新。改革开放后，特别是进入21世纪以来，中国的企业家和科学家不服输，以百折不挠的创新精神实现了量子通信、超导、新型核电站、人造太阳、FAST中国天眼、空间站、卫星导航、特高压、5G、无人机等领先技术。

在抗击突袭而至的新型冠状病毒肺炎疫情中，中国大企业冲在前面，在医疗物资上快速组织生产；在火神山、方舱医院建设上快速组织施工；在疫苗研制上快速组织创新，突出展现了企业在应对危机时的组织创新性和技术创新性。

中国企业家展现的创业精神极大地推动了中国新型企业和商业模式的涌现，移动支付、共享经济、网购、智慧城市、人工智能、大数据应用等新业态和新模式如雨后春笋！创新、创业精神推动着中国企业和中国企业家不断走向世界的前沿。

但是，高科技背后的基础理论创新，新兴产业背后的商业模式创新，特别是企业权利背后的规则标准创新，依然是艰巨的任务。华为总裁任正非说过："华为现在的水平尚停留在工程数学、物理算法等工程科学的创新层面，尚未真正进入基础理论研究。随着逐步逼近香农定理、摩尔定律的极限，面对大流量、低延时的理论还未创造出来，华为已感到前途茫茫，找不到方向。华为已前进在迷航中。华为正在步入无人区，处在无人领航、无既定规则、无人跟随的困境。华为跟着人跑的'机会主义'高速度会逐步慢下来，创立引导理论的责任已经到来。"华为在5G、物联网领域的生态和商业模式创新任务，在行业规则和标准方面的创新还须加油，更何况其他企业！

## 四

## 踏上新征途，必须继续发扬建企精神！

中国企业成长道路和制度的成功经验之一就是坚持公司治理机制和建企精神。踏上新征途，必须在建企精神的指导之下，有机融入企业经营管理的模式之中，继续取得中国大企业成长发展的新胜利。

与企业密切相关的建企精神有大庆精神（**铁人精神**）、两弹一星精神、载人航天精神、改革开放精神、特区精神、劳模精神（**劳动精神、工匠精神**）、青藏铁路精神、“三牛”精神、科学家精神、企业家精神等。

建企精神是坚定的信仰追求，发展的道路有短、中、长期目标。2021 年是“十四五”规划开年，而几乎每个 500 强企业都制定了自己的“2025 战略规划”；2035 有国家的远景目标，每个大企业都有着自己的中长期愿景追求。2049 年是新中国成立百年，也是中国企业追求百年辉煌的关键时期，是走向百年基业的里程碑。功成不必在我，功成必须有我！一代接一代中国企业人的不懈奋斗靠的就是精神力量。资源是会枯竭的，唯有精神生生不息。新时代，新征程，新建企精神！

## 五

### 踏上新征途，必须要树立胜利者思维！

没有正确的假设，就没有正确的方向；没有正确的方向，就没有正确的思想；没有正确的思想，就没有正确的结论；没有正确的结论，就不会有正确的战略。未来是胜利者的，不是盈利者的！中国企业必须把盈亏思维提升到胜败思维的层次，要让打胜仗的思想成为一种信仰！

中国企业要坚定不移地学习军人的胜利思维，而不仅仅是商人的盈利思维！要让打胜仗的思想成为一种信仰！有信仰就会毫不怀疑，就会坚定不移。把胜利当作一种信仰，就是永不认输。

对于企业，“死活问题”高于“胜负问题”，“胜负问题”高于“盈亏问题”。求生的欲望使人们产生必胜的信心和制胜的对策，只考虑赚钱会失去企业的生存基础。

活着是最大的胜利，胜利是最大的盈利！

# 后记
# Postscript

当我们完成这部书稿时，已近深秋，正是“万类霜天竞自由”的时节。这一番奋发昂扬的气象，使我们的思绪又回到了那个中国企业虽然规模还不大，但已然充满生机的年代。

21 世纪伊始，中国经济领域最为重大的事件，就是中国经过长达 15 年的艰苦努力终于加入了世界贸易组织，成为其第 143 个成员。与广阔的全球市场机遇同时到来的还有跨国公司的大量涌入和随之产生的激烈竞争，彷徨与忧虑是当时很多中国企业发展的真实心境，但更多的还是有幸置身历史潮流中的激动和面对重大发展机遇的兴奋。中国企业没有令人失望！快速地学习、成长，持续地对标、提升，付出数倍于人努力的结果是中国企业实现的数倍于人的壮大速度。过去 20 年，中国企业联合会、中国企业家协会（**简称中国企联**）推出的中国 500 强系列榜单，正是这段激情燃烧岁月的最好见证。

20 年来，我们一直在思考中国 500 强成长的规律何在？每年，在始建于明清的紫竹院公园附近，中国企联的办公地点，我们都汇集中国 500 强一年来的经营数据，与专家学者一道梳理研究、分析研讨，力求形成规律性的总结与趋势性的判断，并把研究结果呈现在每年出版的《中国 500 强企业发展报告》。在 2002—2011 年这十年的数据积累与思想碰撞下，中国企联联合知本咨询在 2011

年出版了《中国企业500强十年风云》。弹指一挥间，到如今又是十年，于是又有了今日的《打造全球竞争力：中国企业500强20年风雨岁月（2002—2021）》。

“紫竹禅关迥，虚亭老树前；夕阳楼影下，归骑破春烟。”对中国企业成长的不断思考，就仿佛一次次对禅机的探问，思考愈多，领悟愈深，又愈觉所思之少、所悟之浅。20年来中国500强的成长是一部隽永瑰丽的诗篇，一场波澜壮阔的潮涌，我们所能做的仅仅是从中“寻章摘句”，与读者们分享其中的一点心得与体会，与读者们一同欣赏那海潮壮丽的剪影，并期待见证下一个20年中国500强群体的壮丽篇章。

中国企联联合知本咨询筹备一年，数次讨论，花费三个月时间完成此书，这是研究团队共同努力的结晶。在此感谢中国企联历任领导对500强工作的大力支持，感谢李建明副理事长、郝玉峰主任、缪荣首席研究员、刘兴国博士、高蕊博士、张德华女士、吴晓女士、丁春燕博士对500强工作所做出的长期持续努力，感谢中国人民大学杨杜教授对中国500强成长规律研判的价值贡献，感谢知本咨询刘斌教授、关哲先生、周璐珊女士的无私辛劳与智慧，感谢企业管理出版社孙庆生社长、王仕斌副社长、陈静副总编以及出版社总编室对本书的大力支持，华阅分社同仁们的辛勤努力，以及每一位参加过中国500强工作的同仁、每一位为本书刊印提出过宝贵意见的领导与专家，使得本书又快又好地与读者见面。